中国人就学生と中国帰国子女

山田陽子
YAMADA Yoko 著

中国から渡日した子どもたちの生活実態と言語

風媒社

はじめに

初めての出会い

私が初めて「中国帰国者」(中国残留日本人孤児、残留婦人等)や「中国帰国子女」(1)と呼ばれる人たちに会ったのは、二〇〇二年七月に中国帰国者自立研修センター(2)での「日本語話し相手」の仕事でである。話し相手として私が担当したのは、日本帰国後十年の中国残留孤児六名であった。そのうち、男性が五名、女性が一名で、いずれも日本に暮らす六十代の「生活者」である。すなわち、短期滞在の出稼ぎ(いわゆる「デカセギ」と呼ばれる)型の外国人労働者ではなく日本人として祖国に帰り定着している人たちである。

日本での暮らしが十年になるにもかかわらず、かれらは日本語を話すこともできなければ、ひらがなやカタカナの読み書きもほとんどできない。これは、一体どういうことなのだろうか。かれらに聞いてみると、自分の家と研修センターと病院に行くぐらいで、外部の人との接触がほとんどないという。職もなく、話し合える仲間にも恵まれず、社会とのつながりが希薄であった。しかし、長期間にわたる日本での生活にもかかわらず、日本語能力が身についていない原因はそれだけなのだろうか。日本社会での十年間、誰も支援の手をさしのべる人がいなかったのか? かれらは日本でどのような生活をしてきたのだろうか。私の胸中に、こうした疑問が膨らんでいった。

中国帰国者の人たちの中で、子どもたちの親世代・祖父母世代は、旧満洲（中国東北部）と深いつながりをもっている。重要なことは、戦争の渦に巻き込まれ、日本人でありながら何十年も中国に残留せざるをえなかった人たちだということである。当然、この歴史的背景はかれらの日本語能力や日本語習得に大きな影響を及ぼすことになった。

中国残留孤児の幾人かに「日本語を話せるようになったら何をしたいですか」と質問した。「自分に自信がつくので、いろいろな人に会いたい」、「子どもに本を読んで聞かせたい」、「手紙を出したい」という回答が返ってきた。いずれも日本で暮らすうえには必要不可欠のことである。このことからも、かれらがもつ日本定住の意思は確かなものであることが感じられた。

本書では、長野県下伊那郡泰阜村《やすおかむら》居住の中国帰国子女と愛知県居住の中国人就学生を比較して、両者に対する支援や言語教育の相違、生活の課題等を検討している。

就・留学生と中国帰国子女は、日本での日本語学習開始時の年齢がほぼ同じである。本書で取り上げた中国人就学生は十九歳から二十七歳の青年が中心である。また、日中国交正常化以降に中国から泰阜村へ入村してきた中国帰国子女の場合は、六歳から十八歳までである。就学生の中には、中国で大学を卒業してから来日した学生も含まれているため、就学生の平均年齢は二十代（十九歳〜二十七歳）で中国帰国子女の平均年齢（十代後半）より少し高い傾向がある。就学生は来日目的が「進学」とはいうものの労働意欲も高いため、資格外活動の許可を得て、アルバイトをする者が多い。

私が出会った中国帰国者とその子どもたちに関する、ことばや生活の問題は、日本国内の就学生および留学生などの若い世代をはじめ、在日外国人全般につながる極めて重要な課題であることに気がついた。そのような中国人就学生・中国帰国子女への生活・学習支援、言語教育の課題を包括的にまとめ、両者の比較を通して現在および将来の外国人につながる支援のあり方を考えてみようと思った。

外国人の定住化が進行したことにより、群馬県大泉町や岐阜県美濃加茂市などの外国人集住都市をはじめ、さまざまな外国人コミュニティを抱える地域で、議論が盛んになされている(3)。日本語以外の言語を母語(4)とする人たちを日本に受け入れたことにより、日本語学習支援や教育政策を急遽考慮しなくてはならなくなった。それは地方自治体だけではない。地域住民も有効な支援策を早急に案出し、実行に移す必要に迫られたのである。外国人労働者に対しては、東海地方(岐阜県、愛知県、三重県、名古屋市)でも「適正雇用と日本社会への適応を促進するための憲章」を策定するなど議論が行なわれるようになってきた。

しかし、日本の高等教育機関進学のために来日する中国人就学生や中国帰国子女など、日本語学校生および外国籍・外国にルーツをもつ児童生徒に対する対策や議論は本格的になされているとは言えない。中国から日本への帰国は一九七二年九月の日中国交正常化以降、本格化した。呼び寄せ家族を含むと日本に十万人は居住している[蘭、二〇〇〇、三四]。かれら異文化をもつ人たちを受け入れる側の私たち日本人は、どのような支援を担えるのだろうか。それを考えることは今日的な課題である。

本書では、組織的な言語教育の監理下にない、いわゆる就労目的で来日する外国人や、在留期間・入学機関が就学生と異なる留学生に関しては、同列に論じられないため、軽く触れるにとどめた。

ただし、就学生の追跡調査により日本語学校を卒業して大学に進学した留学生に対しては、半構造化面接質問紙調査および聞き取り調査等を実施した。就学生が日本語学校卒業後、大学・大学院に入学して留学生になると生活、言語、日本人観の面でどのような変化が見られるのかを調査するためである。ある一時点での調査データのみでは、かれらの生活世界を把握することは困難である。二つの異なる時点における調査(縦断的調査)を実施することにより、生活、言語、日本人観などが時間の経過とともにどのように変化するのかをとらえられる。そのことは支援にも生かせるであろう。

これまで、留学生になる前段階の就学生に関しては、一日の生活の重要な部分を占める日本語学校における実態、たとえば日本語教師との関係や社会的ネットワーク、言語教育の問題点に関する議論が本格的になされてこなかった。留学生だけではなく、日本で生活する就学生を対象に、支援や言語教育の諸問題を探究する視点も必要ではないかと考えている。大学に入学する前の就学生の実態を把握することで、就学生と留学生の研究相互の知見を共有し、それを生かすことが大切ではないだろうか。

本書第Ⅰ部「中国人就学生と日本語学校」では、中国人就学生が日本社会でどのような生活を送り、どのような言語教育環境下にあるのかを調べた。第Ⅱ部「中国帰国子女教育の草創期」では、人々の生の営みの中で、日本語教育はどのように体験されてきたのか、一九七〇年代の泰阜村という満洲移民送出体験をもつ村人たちが織り成す中国帰国子女教育実践の営みをとおして考えてみた。第Ⅲ部では、同じ「中国」という国にルーツをもつ若者と子ども（中国人就学生と中国帰国子女）が、生活や社会的・歴史的背景の相違から日本社会および中国社会でどのような体験をし、成長を遂げてきたのか、また言語教育における学習目的、教授法、担い手、将来設計において、両者にどのような相違点があるのかを比較した。

増え続ける中国からの若者と子どもたち

近年、世界各地で多言語・多文化化が進行している。日本社会もその例外ではない。一九七〇年代のインドシナ難民や中国帰国者の流入に始まり、一九九〇年の「出入国管理および難民認定法」改正による外国人労働者の急増などによって、言語や社会的・歴史的背景の異なる人たちが身近に暮らすようになった。それに伴い、中国帰国子女や諸外国から渡日した、いわゆる「外国にルーツをもつ児童生徒」も増加していることが予測される。

日本の外国人登録者数は二〇〇八年末に二二一万七四二六人となり、このうち中国籍は六十五万五三七七人で二九・六％を占める（二〇〇九年七月法務省入国管理局）。法務省の外国人登録者数統計から判断すると、戦前から戦中にかけて日本に移ってきた特別永住者が高齢化し、「韓国・朝鮮籍」が減少する一方で、中国籍の労働者や留学生が増え続けているため（「朝日新聞」二〇〇八年六月四日）である。

留学生のみならず、就学生もまた増加傾向にある。日本語教育機関（日本語学校・専門学校日本語科等）に在籍する就学生等の人数は、平成八年度（以下各年度は七月一日現在、財団法人日本語教育振興協会(5)調べ）には一万一二二四人であったが平成十五年度は四万二七二九人、十六年度三万五三七九人、十七年度二万五八八〇人、十八年度三万八〇七人、十九年度三万一六六三人と、いったん十七年度に急減したものの、それ以降は再び増加傾向を示している。

大学等への進学希望者に対して行なわれる日本語教育を日本語予備教育といい、国内では主に私立大学留学生別科と日本語教育振興協会の認定を受けた日本語教育機関で行なわれる［梅田、二〇〇六、五九］。財団法人日本語教育振興協会の維持会員である日本語教育機関（日本語学校および専修学校）は、全国で約四〇〇校となった（二〇一〇年二月、財団法人日本語教育振興協会調べ）。

「就学」の在留資格による国籍別外国人登録者数は、中国人が最も多く、在留資格別新規入国者総数二万八一四七人のうち、一万五九一五人で五六・五％を占めている（法務省「入国管理」二〇〇五年度）。外国人学生は在留資格により、「留学生」と「就学生」の二つに分かれているが、まもなく在留資格については「留学」に一本化される。「就学生」というのは就学ビザを取得し、日本各地の日本語学校・専修学校等で日本語を学ぶ外国人

表1　本書で扱う中国にルーツをもつ若者と子どもたち

中国人就学生（中国人日本語学校生）
・日本国内の日本語学校における日本語学習者 ・日本の高等教育機関（大学・大学院・専門学校）への進学を目的に中国から単身で来日した滞在者 ・日本滞在型
中国帰国子女（中国帰国児童生徒）
・日本国内の小中学校における日本語学習者 ・親や祖父母の日本帰国に伴う中国からの移住者 ・日本定着型

学生のことである。就学生のほとんどが日本語学校に在籍している。本書で述べる就学生は国費によらない私費の就学生で、「日本語学校生」としている。

中国人就学生と中国帰国子女の生活背景は、どのように違うのだろうか。中国人就学生は主に大学進学目的で単身来日する日本語学校生であるのに対し、中国帰国子女は満洲移民であった家族を背景にもち、家族とともに渡日した若者・子どもである。

中国人就学生と中国帰国子女は社会的・歴史的背景を異にする日本語学習者といえる。中国人就学生と中国帰国子女（このうち、就学児童生徒に該当する年齢の若者・子ども）に焦点をあてたのは、同じような年齢集団について検討したかったからである。両者は「中国」にルーツをもつとはいえ、来日目的、来日形態（家族・単身）、母語の確立段階等が異なる。ただし中国帰国子女については、年齢による母語の確立段階（母語が確立している若者、未確立の子ども、母語を話せない乳児等の段階）が幅広い。そこで本書においては母語がほぼ確立している若者・子どもを中心に考えることにした。

ところで、日本での「滞在者」である「中国人就学生」と「定着者」である「中国帰国子女」とでは、受け入れ側（地方自治体・地域住民）の支援にどのような違いがあるのだろうか。

一般的に中国残留日本人は中国から日本に帰国後、居住する地が決まる。本書では、その居住地を「定着地」といい、そこで暮らす中国残留日本人およびその家族を「定着者」と呼ぶことにする。

また「支援」のとらえ方であるが、本書においては支援―被支援という一方向の見方ではなく、「相互作用のもとでの働きかけ」ととらえる。そうした「支援」に留意しつつ、「滞在」と「定着」という来日目的の違い、来日形態の違い、社会的・歴史的背景の違いによる日本語習得の違い、日本社会の支援や教師の役割、両者の帰属社会（中国・日本）との関係を映し出したい。

さて、中国帰国子女は異なる言語や文化の中でとまどい、ストレスを抱えてしまうことや日本の生活および学校制度になじめず、将来の進路に不安をもつことがある。ことばの壁から授業についていけず、学校をやめてしまう子どももいる。こうした子どもたちを少しでもなくすように、地域ボランティアや専門家を中心に言語教育をはじめ生活支援が行なわれてきた。

中国帰国者が定着した地方自治体では急遽、言語教育を視野に入れた支援策を講じる必要があった。今日においては、かれらの急増期は過ぎたものの、定着地の都市で、あるいは地域レベルでの受け入れ策の一貫として、国・県の研修センターをはじめ、NPO、地域ボランティアによる日本語学習支援が活発化している(6)。

文部省（現・文部科学省）が中国帰国子女教育研究協力校指定制度をスタートさせたのは一九七〇年代半ばとされ、一九八四年に中国帰国者定着促進センター(7)で、中国帰国者（子女を含む）に対する数カ月間の生活指導および日本語教育という形で、国による研修が開始された。中国帰国者定着促進センター職員による中国帰国者の生活実態調査報告や紀要などの研究蓄積もあるが、それらは主に国が定めた中国帰国者研修期間内の研究に基づいたものがほとんどである。したがって、国の中国帰国者教育機関開設以前に、地域へ定着した帰国者に対して行なわれた言語教育に関しては、あまり知られていない。

中国帰国者の存在そのものが一般の国民に認識すらされていない一九七〇年代初頭に、しかも国が何も始めていない頃から独自に中国帰国子女と家族に対して言語教育を開始していた村があった。それが泰阜村だった。何と国より十年以上も早くから開始していたのである。このような草創期の中国帰国子女教育から私たちは何を学び取り、在日外国人教育にどのように生かすのか。今日なされるべき現代的課題といえよう。

どうして中国人就学生と中国帰国子女を比較するのか

中国人就学生と中国帰国子女はともに同じ「中国」という国にルーツをもっている。すなわち母語が同じ中国語であるという点に着目し、母語が同じ人たちであっても日本語習得に差異の生じる要因を考えてみたい。同じ漢字文化をもつ両者を比較考察の対象とすることで、言語教育の課題を共有しやすい。さらに、言語教育開始時に同じような年齢の両者（若者・子どもたち）であれば、年齢による言語習得上の相違点をさほど考慮しないでよいだろう。中国帰国者の場合、年齢が高い人は日本語習得に困難がある。若い世代と同一に論じることはできない。「中国人就学生」と「中国帰国子女」という異なる社会的・歴史的背景をもつ若者・子どもたちに、どのような相違点や共通点があるのか、マージナル（周縁的）な立場にある人びとに対する支援や言語教育に関する諸問題を検討することによって、外国人全般につながる支援のあり方を探究する意義は大きいと考える。

それでは早速、中国人就学生の生活からのぞいてみよう。

注

（1）「中国帰国者」「中国帰国子女」については、本書巻末に付した【用語解説】に詳しい。

（2）地域社会における中国帰国者の定着自立を促進する目的で設置された施設。日本語指導をはじめ、生活指導や相談、就労指導や相談などの業務を行なう通所式センター（中国帰国者が宿泊せずに、住まいから通う研修機関）である。中国帰国者入国数の減少に伴い二〇〇七年に閉所された。

（3）外国人集住都市会議や自治体、国際交流団体の議論など。外国人集住都市会議は、浜松・豊田・四日市・美濃加茂・大泉など主にニューカマーと呼ばれる南米日系人が多く居住する地域の問題解決に取り組むために、それらの都市の行政・地域の国際交流協会などにより二〇〇一年に設けられた。外国人集住都市会議は二〇〇一年から政府への提言を行なっている。民間では日本経済団体連合会が二〇〇四年四月に『外国人受け入れ問題に関する提言』を公表し日本語教育の重要性を指摘している。

（4）母語・継承語・バイリンガルの研究を行なう湯川笑子は、「母語」を生後第一番目に触れた、家族とのコミュニケーションが十分にとれる言語であり、最初に読み書きを習う手段として最も適した言語、学校教育の初期段階で新しい知識を獲得するツールとなる（あるいは、ツールとすべき）言語、広範囲の領域において、高度に発達していく（もしくはその可能性をもつ）言語、文化的および心情的に帰属意識のもてる言語であると述べている［湯川、二〇〇六、一六］。本書における「母語」も湯川の解釈に倣う。

（5）一九八九年五月に日本語教育関係者、日本語教育専門家により設立された。文部科学省、法務省、外務省の監督や指導を受けながら日本語教育機関の審査事業を行なうなど、日本語教育機関の水準の維持向上を図る役割を担う。

（6）中国帰国者支援・交流センターや地域日本語教室など。

（7）帰国直後の孤児世帯に対して、四カ月間（現在は六カ月）の基礎的な日本語教育や基本的な生活指導を行ない、定着後、早く自立できるようにすることを目的に一九八四年、「中国帰国孤児定着促進センター」として埼玉県所沢市に開設された施設である。その後、一九九四年四月、中国残留婦人等の受け入れに伴い、名称を「中国帰国者定着促進センター」に変更した。全国十一カ所に開設されたが、現在は帰国者世帯数減少に伴い、所沢市の一カ所となった。中国帰国者定着促進センター退所後は、左の図のような流れで自立へと向かう。

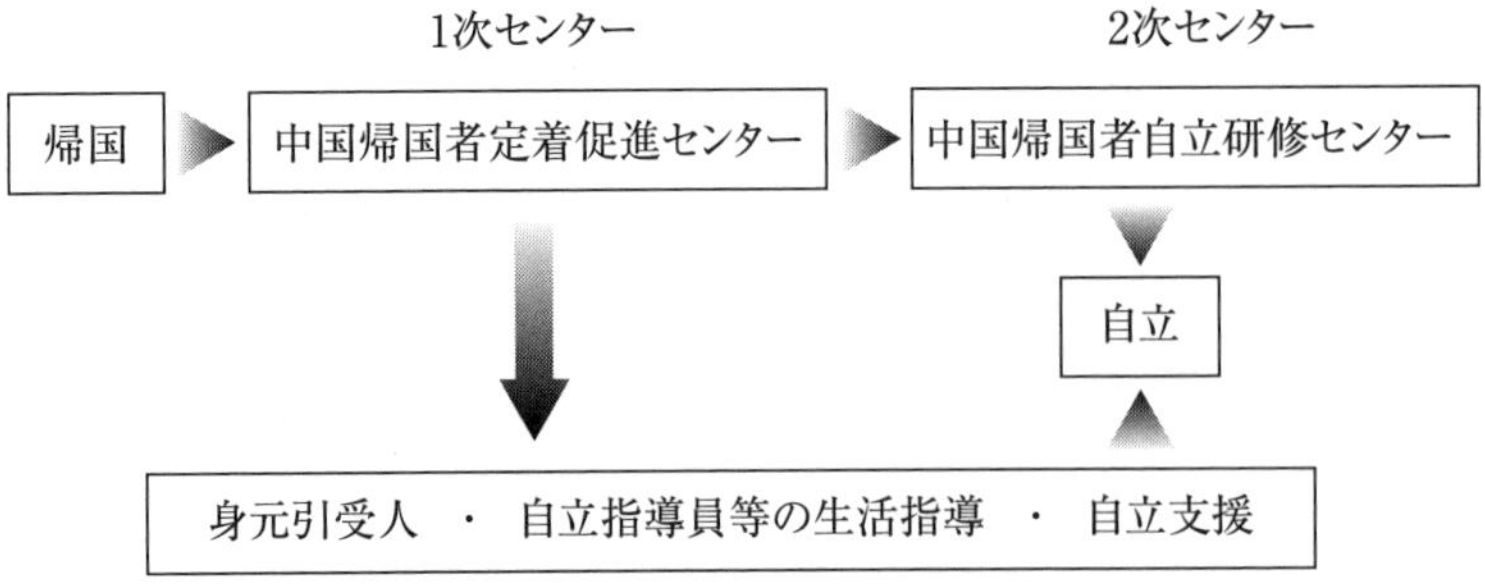

帰国から自立までの流れ（筆者作成）

中国人就学生と中国帰国子女

——中国から渡日した子どもたちの生活実態と言語

……【目次】

就学生から留学生になって

呉晴《ごせい》（一九八七年生まれ、江蘇省出身）

私は日本に来て、日本語学校を卒業し、今は大学で好きな国際文化を勉強している。日本語がわからないときは、どのように人に接すればいい？　文化の違いは、どう受け止めればいい？　これらは、私の日本語学校時代の難問だった。日本に来て三カ月経ったところで、アルバイトを始めた。挨拶すらできなかった私を、なんと、採用してくれた店があった。今もずっとその店で働いている。アルバイトをすることで、私はさまざまな年齢層の人たちに出会うことができた。アルバイト先で、パートの主婦の方や大学生、高校生から、日本語・日本の習慣などを親切に教えてもらった。今、とても感謝している。この出会いがなかったら、私は今頃、どうしていたのだろうと考えるときがある。

日本語学校を卒業し、大学に入学したばかりの頃、周りの日本人大学生と話をするのが怖かった。もし、言いたいことをきちんと伝えられなかったら、どうしよう？　もし言うことを間違えたら、どうしよう？　もし相手の気持ちを理解できなかったら、どうしよう？　これらの悩みが一度に押し寄せてきた。大学一年生の講義科目は学際的で幅広く、私の知らないことが多くあった。しかし、大学の先生やＴＡ（ティーチング・アシスタント）の方々に助けられた。日本語の添削だけではなく、資料の収集方法なども教えていただき、すごく助かった。さまざまな相談にものってもらうことができた。こうして、私は何とか日本語の壁を乗り越えることができた。

馬《ま》靚靚《りゃんりゃん》（一九八七年生まれ、吉林省出身）

日本に来て二年半になる。日本語学校の生活では、試験準備のための勉強が大変だった。留学試験と日本語能力試験のために、毎日、日本語学校で勉強に励んだ。夜遅くまで、日本語だけでなく、総合科目、数学、英語も勉強しなければならなかった。本当に辛い毎日だったけど、大学受験を目標に、私は一生懸命勉強した。

おかげで希望の大学に合格することができた。大学生活のスタートとともにアルバイトも始めることにした。そうすると、日本人と接する機会も増えた。いろいろな人との出会いから、日本社会への理解が深まった。二年半前と今とでは自分自身が大きく成長したことを実感している。日本に来て、初めての「ひとり暮らし」も、自己鍛錬になって、いい経験だった。「一人前」になったとは、まだ言えないかもしれないが、自立した生活を送れるようになったと思う。日本に来て、日本語学校と大学の両方で、いい経験を積んだ。就学しなかったら、決して味わえない体験が多くできた。

第Ⅰ部　中国人就学生と日本語学校

1　就学生の受け入れ

就学生と留学生は、どう違うの？

日本語学校に通う大部分の学生は、卒業後に専門学校・短期大学・大学・大学院へ進学する。いわゆる進学目的をもって来日する外国人学生がほとんどである。したがって、日本語学校在籍中に日本留学試験（独立行政法人日本学生機構実施）等を受験しながら学力を見定め、受験校を選定することになる。日本留学試験は、日本の大学（学部等）に外国人留学生として入学を希望する者につき日本語力及び基礎学力の評価（記述・読解・聴解・聴読解）を行なうことを目的に実施されている。

就学生は、就労を認められていないが、資格外活動の許可により、収入を伴う事業を運営する活動または報酬を受ける活動が認められる。しかし、就学生は活動時間の制約がある。アルバイトは一日に四時間以内と定められている。大学に進学して「留学生」になると、活動時間も就学生ほど厳しくはない。また、留学生には就学生に比べて奨学金制度や学費免除をはじめ留学生支援センターの組織的な支援等多くの支援制度が整備されている。このような就学生と留学生の待遇差をなくそうと「全国日本語学校代表者会議」で討議がなされている(1)。就学生も留学生と同じ待遇に改善される方向で検討されている。

表2　日本の高等教育機関数（大学・大学院）
（出典：「文部科学省2006年学校基本調査」＊私立大学には放送大学が含まれる）

	国立	公立	＊私立	合計
大学	87	89	568	744
大学院	87	74	408	569

表3　在留資格別外国人登録数（2007年末）
（2008年1月および2009年1月法務省入国管理局資料をもとに筆者作成）

在留資格	内訳	人数（人）
永住者 869,986	一般永住者	439,757
	特別永住者	430,229
非永住者 1,283,287	定住者	268,604
	日本人の配偶者等	256,980
	留学	132,460
	家族滞在	98,167
	研修	88,086
	人文知識・国際業務	61,763
	就学	38,130
	技術	44,684
	興行	15,728
小計		1,874,588
その他		278,385
合計		2,152,973

留学生の受け入れに関しては、国の政策として一九八三年、中曽根首相の時代に「留学生受け入れ十万人計画」が打ち出されたが、留学生予備軍ともいえる「就学生」に関する国の政策は本格的に打ち出されてはいない。当時約八千人の留学生を十万人にまで増やそうと国は積極的に受け入れを推進した。二〇〇二年に日本留学試験が開始され、日本の高等教育機関進学のための指標と位置づけられた。留学生数は増加を続け、二〇〇三年に目標である十万人を突破した。二〇〇七年末に日本国内の大学に在籍する留学生数は、十一万八四九八人（「朝日新聞」二〇〇七年十二月十五日朝刊）にのぼり、その約六割を占めるのが中国人留学生である（七万一二七七人、前掲新聞）。

大学にとっては社会人や女性の再就学と並んで留学生確保は定員割れを防ぐための重要な方策［春原、二〇〇九、二九］となっており、積極的な受け入れを行なっているところが増加している。

一方、在留資格「就学」による外国人登録者数は入国管理局統計によれば、二〇〇七年末に三万八一三〇人、二〇〇八年末に四万一三一三人になった。わずか一年間に三千人も増えている。このような就学生の増加に対応するため就学生の受け入れ策を緊急に整備する必要がある。

就学生は日本語学校でどのくらい勉強しているの？

日本語学校の認定に携わる財団法人日本語教育振興協会によれば、日本語学校の科目別（文法・読解・聴解・作文・会話等）学習時間は、日本語学校が就学生のコース（一年、一年半、二年コース）に応じて、その授業科目の時間配分を決めている。ただし、一年間に全科目合計七六〇時間の学習時間は確保しなければならない。二年コースの学生には、この二倍の一五二〇時間である。また日本語教育には単なる語学教育の域にとどまらず、民族、国家、宗教、人種、性別、文化などの違いを乗り越えて、日本と世界の人々との友好的な関係の醸成・維持・発展に寄与しうるかけがえのない役割を担うことが期待されている(2)。

日本語学校は原則として、一度入学したらほかの日本語学校に転校することはできない。それゆえ、外国人学生はあらかじめ自国で日本語学校の情報を収集し慎重に学校を選択しなければならないことになる。インターネット上にホームページを開設している学校が多いが、日本からの詳細な情報は入手しにくいこともあって、きょうだいや友人、学校の先輩から紹介された日本語学校に入学する学生が多い。

日本語教育機関の特徴と地域特性

愛知県名古屋市の日本語学校とそこに在籍する中国人就学生を対象に研究調査し、中国人就学生の生活面および言語教育の課題を検討することにした。愛知県名古屋市を調査地に選択したのは、中国人就学生が多い地域であることと、かれらが通学する日本語学校が名古屋市内に集中して十一校も存在するという理由からである。たとえば、愛知県内には財団法人日本語教育振興協会認定の日本語教育機関が十三機関存在する（大学の留学生別科を除く）。愛知県の場合、そのうちの十一の日本語教育機関が名古屋市内に集中して存在している（二〇一〇年二月、財団法人日本語教育振興協会調べ）。

表4　県別日本語教育機関数（多い順に11県）（財団法人日本語教育振興協会認定会員機関数）（財団法人日本語教育振興協会『2009日本語教育機関要覧』を参考に筆者作成）

都道府県	機関数
東京都	135
大阪府	32
福岡県	26
兵庫県	25
千葉県	18
神奈川県	16
愛知県	13
埼玉県	12
京都府	9
静岡県	7
宮城県	7

表5　名古屋市の日本語学校設置形態

学校法人	3
財団法人	1
株式会社	4
有限会社	3
計	11

表4のように、東京都が一三五と断然トップで、他を引き離している。愛知県は十三で七番目に多い。それでは、まず愛知県名古屋市の日本語教育機関の特徴を述べることにしよう。

名古屋市内にある日本語教育機関のうち、大学の留学生別科を除いた日本語学校数（財団法人日本語教育振興協会認定校）は十一で、全国の日本語教育機関数三九五（二〇〇八年度）のおよそ三％にあたる。二〇一〇年には二校ほど新設計画があり、

表6　名古屋市の日本語学校の２類型（筆者作成）

	経営者	就学生の出身国
日本文化型日本語学校	日本人	世界各国
中国文化型日本語学校	中国人	在籍者の大半が中国出身

増加することが見込まれる。日本語教育機関の設置形態は、表5の通りである。本書で取り上げる日本語教育機関は「日本語学校」とする。

名古屋市に設置された日本語学校の特徴として、次の四点が挙げられる。

①中国からの学生が多い。

②民間会社設立の日本語教育機関が多い。

③公共交通機関の駅から近い場所にある。

④進学先は、日本語学校に近接する県にある大学が多い。

名古屋市の日本語学校は、経営者出身国と在籍する就学生出身国により、表6のように大きく二つに分けられる。

名古屋市は日本のほぼ中心に位置し、東西にある日本有数の都市に挟まれた立地である。交通が発達しているために全国各地への移動が比較的容易である。また名古屋市は中国各都市への直行便が出る空港に比較的近く、利便性が高い。製造業を中心とした大・中・小企業を擁する都市であるために就学生の就職につながる将来展望がある。治安も比較的良好といえる。日本語学校に通いながらアルバイトができる職場が多いことも大きな特徴である。アパートの家賃もそれほど高額ではない。このように、名古屋市はアルバイト先が豊富で、住環境も良好なため就学生にとっては住みやすい都市である。

名古屋市に居住する就学生ならではの特徴として、志望大学に自動車関連の高等教育機関（自動車短期大学等）を選択する学生の存在が挙げられる。「トヨタ」という世界企業ブランドへの関心が高く、自動車技術を学び母国での自動車整備会社の起業希望やトヨタ系企業への就

表7　中国人就学生と新聞メディア（筆者作成）

新聞名	発行所	発行日	(円)
東方時報	株式会社東方インターナショナル	毎週木曜日	250
日本新華僑報	株式会社日本新華僑通信社	毎月 8、18、28 日	300
中文導報	中文産業株式会社	毎週木曜日	250

職期待がある。さらに特徴的なのは、名古屋市には中国人就学生を雇用するコンビニ、中華料理店、居酒屋、喫茶店が多いため、就学生は複数のアルバイトをしながら日本語学校に通っていることである。生活費と授業料を自分ですべて賄い、中国の家族からの経済的支援はほとんど受けていない。

二〇〇八年七月現在、名古屋市の日本語学校十一校に在籍する就学生は九〇五人である。このうち、中国人就学生は六三四人を占め、全体の七〇%にあたる。名古屋市の主な日本語学校では、次の条件に該当する学生を受け入れるとしている。

①外国において、十二年以上の教育歴がある。
②明確な就学目的をもっている。
③学費支弁能力がある。
④日本語能力試験四級以上の日本語能力または、日本語学習経験が一五〇時間以上である。

就学生はどんな新聞を読んでいるの?

日本語学校の要望により東京発行の中国系新聞が、就学生の人数分だけ毎回無料で配付される。日本にいながら、中国での出来事、ニュース、行事等がわかるために、就学生は必ずといっていいほど読む。

名古屋市には、中国人用の大型物産店（みやげ物店）や中国料理店が多く存在し

表8　名古屋市の国籍別外国人登録者数
(出典：「中日新聞」市民版、2008年11月28日朝刊18)

国籍＼年度	1989年	1998年	2008年
韓国・朝鮮	27,428	23,722	21,014
中国	2,680	8,097	21,103
フィリピン	853	2,851	7,080
ブラジル	177	4,349	6,181
米国	809	1,167	1,660
ペルー	9	593	914
そのほか	1,421	4,075	8,812
合計	33,377	44,854	66,764

ており、そこでも希望者に中国系新聞を無料配布している。日本語能力の問題もあるが、就学生は日本の新聞に関心を寄せることはあまりなく、もっぱら中国の新聞を熱心に読んでいる。

国籍別外国人登録者数の推移

名古屋市の外国人登録者数の推移を見ると、二〇〇八年に初めて韓国・朝鮮国籍の人たちを抜き、中国籍の人たちが最大となった。これは二〇〇八年当時、経済が好況であった名古屋市近辺の企業で就労する中国人や名古屋市内の教育機関に在籍する中国人就・留学生が多いことを表している。名古屋市は二〇〇九年から二〇一〇年にかけて日本語学校の新設が複数校計画されており、中国人就学生のさらなる増加に伴い、中国籍の人たちが最大である傾向は今後も継続すると予測される。

将来展望への自助努力

一般的に日本語学校の入学手続きには、次の1〜3の書類が必要である。

1　入学願書

氏名　生年月日　性別　年齢　写真

国籍　職業　出生地　婚姻の有無

本国の住所　旅券番号　有効期限

過去の出入国歴　直近の出入国歴

査証申請予定地　学習予定期間

最終学歴（学校名）　卒業又は卒業見込み年月日

修学年数（小学校～最終学歴）　日本語学習歴

経費支弁者届（氏名　住所　電話　職業　勤務先　勤務先電話　年収　関係　月平均支弁額）

卒業後の予定

2　履歴書

国籍　氏名　生年月日　性別　現住所

配偶者の有無（配偶者氏名）、家族関係

学歴、日本語学習歴、職歴

出入国歴、就学理由、当校修了後の予定

3　経費支弁書

経費支弁書は、日本国法務大臣宛に経費支弁の誓約をする書類である。経費支弁者は申請者の日

中国人就学生たち

本国滞在について経費支弁の引受経緯を記入しなければならない。経費の支弁を引き受けた経緯および申請者との関係を具体的に記入する。そのうえで、経費支弁内容について学費・生活費・支弁方法を明らかにし、申請者が在留期間更新許可申請を行なう際には、送金証明書または本人名義の預金通帳（送金事実、経費支弁事実が記載されたもの）の写し等で、生活費等の支弁事実がわかる書類を提出する。

以上のように日本語学校入学には多くの書類を必要とする。そのため入学希望者は事前準備の時間が必要である。日本語学校に入学後すぐにアルバイトの職を求める学生は多い。かれらは来日した当初から日本の物価高による生活苦と闘っている。アルバイトと勉学との両立に困難を覚えながらも、日本の高等教育機関への進学という将来に期待を抱き自助努力している。

2　中国人就学生の話からわかったこと

巻末資料に掲載したように調査対象の中国人就学生六十二名（任意抽出）の出身地は中国各地におよぶが、最も多いのが広西壮族自治区、続いて福建省というように中国南部からの学生が多い。そのほか遼寧省、黒龍江省などの東北部出身者が続く。また、調査対象者は中国の地方農村部、工業都市、観光都市からの出身者が多い。

親が勧める日本への就学

中国人就学生は、中国帰国子女と異なり、もともと中国の高校や高等教育機関で基礎的な日本語教育を受け、日本語能力試験四級程度の日本語能力を備えて来日する。また中国東北部には日本の歴史的建造物が戦後も中国人に活用されており、日本文化に関心をもち、日本語を学ぶ学生も少なくない。

私が中国東北部出身の就学生（遼寧省出身、二十三歳女性）に聞いたところ、現在でも日本語は東北部で人気のある言語であり、「外国語の中では日本語を学ぶ学生が最も多い」と答えている。そして日本語学校で学んでいるのは、「母親から日本語を本格的に勉強するように促されたため」であるとしている。親に「日本語を学ぶなら、本場の日本へ行きなさい」と勧められたから来日し、日本語学校に入学したと回答している。このように中国東北部から来日している就学生の親世代は日本に関心の深い人が多い。中国の学校では、外国語選択について

表9　調査対象の中国人就学生

性別	（人数）
男性	26
女性	36
合計	62

表10　出身地別人数

出身地	（人数）
広西壮族自治区	20
福建省	19
遼寧省	6
黒龍江省	6
上海市	4
その他	7
合計	62

＊調査対象者（インフォーマント）62名の詳細なプロフィール（出身地・年齢・性別・学歴）は、【巻末資料】第Ⅰ部〔中国人就学生と日本語学校〕に62名全員を一覧表として掲載した。

日本語よりも「英語」を選択する生徒が多い。しかし、私が話を聞いた六十二名の就学生の中に英語を話せる就学生はいなかった。

なぜ、日本語学校で学ぶの？

中国人就学生六十二名全員が日本の大学（あるいは大学院・短期大学・専門学校）に進学する目的をもって来日している。日本人の場合、一般に大学受験年齢は十八～十九歳くらいであるのに比べると就学生の平均年齢はやや高いといえる。中には、中国の大学を卒業後、しばらく働いてから来日した者もいる。素材とする聞き取り調査は二〇〇八年一月～二〇〇九年十一月に実施し、参与観察は二〇〇六年十月から二〇一〇年現在に至るまで継続している。聞き取り調査時点での滞日期間は半年、一年、一年半の三つに区分できる。滞日期間半年の就学生は十九名、一年は十六名、一年半は二十七名である。（＊は、筆者の質問を表す）

＊1「あなたが日本語学校で学んでいる授業科目のうち、最も簡単だと感じているものはどれですか？」

表11　最も簡単と感じている科目

授業科目	人数（人）
会話	15
文法	14
読解	13
聴解	12
作文	8
合計	62

表12　最も簡単と感じている科目（滞日期間別）

科目＼滞日期間	半年	1年	1年半	人数（人）
会話	3	3	9	15
文法	6	3	5	14
読解	4	4	5	13
聴解	2	4	6	12
作文	4	2	2	8
合計	19	16	27	62

表13　最も難しいと感じている科目

授業科目	人数（人）
聴解	29
作文	12
文法	9
読解	8
会話	4
合計	62

表14　最も難しいと感じている科目（滞日期間別）

科目＼滞日期間	半年	1年	1年半	人数（人）
聴解	11	6	13	29
作文	0	6	6	12
文法	3	1	4	9
読解	3	2	3	8
会話	2	1	1	4
合計	19	16	27	62

中国人就学生が「最も簡単」と感じている科目は、「会話」であることがわかった。この結果を、滞日期間別に表12に示した。

＊2「あなたが受けている授業科目のうち、最も難しいと感じている科目はどれすか？」

中国人就学生が最も難しいと感じているのは「聴解」であった。およそ二人に一人は、「聴解」の授業を難しいと感じている。この結果を、滞日期間別に表14に示した。

この結果から、滞日期間にかかわらず、中国人就学生が最も難しいと感じているのが「聴解」の授業（滞日一年の学生の場合は、「聴解」と回答したのは、「作文」と同じ六人）であることがわかった。これは参与観察から予測されたことであったが、本調査によって実

表15　日本語学校で学ぶ目的

目的	人数（人）	%
日本で就職したいから	15	24.2
中国へ帰り、日本企業に就職したいから	13	21.0
中国へ帰り日本語教育や日中交流の職につきたい	8	12.9
日本で会社を経営したいから	6	9.7
将来、通訳の仕事をしたいから	5	8.0
中国で貿易会社を経営したいから	5	8.0
観光ガイドになりたいから（日中、どちらでも）	3	4.8
不確定	7	11.3
合計	62	100.0

表16　日本語学校で学ぶ目的（滞日期間別）

滞日期間	半年	1年	1年半	人数
日本で就職したいから	1	4	9	14
中国に帰り、日本企業に就職したい	4	1	4	9
中国に帰り、日本語教育や日中交流の職につきたい	6	0	2	8
日本で会社を経営したいから	3	2	0	5
将来、通訳の仕事をしたいから	1	0	4	5
中国で貿易会社を経営したいから	3	1	0	4
観光ガイドになりたいから（日本と中国のどちらでも）	1	1	1	3
不確定	0	7	7	14
合計（人）	19	16	27	62

証された。

＊3「日本語学校で学ぶ目的は何ですか？」

日本語学校で学ぶ目的とそれを滞日期間別に表したのが、表16である。

日本での生活がスタートした直後の就学生より来日一年後、一年半後の就学生のほうが「日本で就職したいから」という回答が多くなっている。滞日期間半年の就学生では、中国で日本語能力を生かした職につきたいから日本語学校で学ぶと回答する者が多いが、滞日期間一年半の就学生では日本での就職願望が強い。日本で就職したいから日本語学校で学ぶと回答する学生が多い。日本語能力と日本での就職願望は連関しているといえる。すなわち、日本語能力の向上につれて中国人就学生の就職意識は変化し、中国ではなく日本での就職を視野に入れ「日本で就職したいから日本語学校で学ぶ」という回答がより多くなると考えられる。日本語学校で二年間学びながら日本社会を観察し、大学・大学院・専門学校進学後に将来設計を考えたいという慎重派の学生も存在している。

＊4「困ったときに、相談する人は誰ですか？」

この質問に対する回答をまとめると表17のような結果になった。

困ったときに相談するのは、身近な家族や友人などの私的ネットワークが最も多く、日本語学校の教師に相談することは少ない。日本語学校と異なり、中国帰国者の場合には、日本語教室における調査［山田、二〇〇六ａ］から確認されているように、日本語ボランティアが帰国者から就職の斡旋を依頼されることもある［山田、二〇〇六ａ、九六］。地域とのつながりが深い日本語ボランティアは、何かと頼りにされている。これらの点で就学生は、同じ日本での「生活者」とはいうものの中国帰国子女や日本語教室に通う帰国者とは学習・生活環境に相違があるといえよう。

本調査から明らかなように、中国人就学生六十二人中、十三人は誰にも相談しないと回答している。日本に来て困ったことは、後で述べるように多くあるにもかかわらず、他人に相談することはないという実態が浮かび上がった。自分が困っていることを他人に言わずに自分の心の中におさめてしまうか、中国の両親に相談すること

表17　就学生の社会的ネットワーク（滞日期間別）

		半年	1年	1年半	人数（人）
家族	母親	3	1	5	9
	父親	2	1	1	4
	兄弟姉妹	0	2	1	3
	祖父母	0	0	0	0
	夫（既婚学生）	0	0	0	0
親戚		2	0	0	2
恋人		1	0	0	1
友人（中国人）		3	2	9	14
アルバイト先の中国人		3	5	1	9
アルバイト先の日本人		1	0	0	1
中国での勤務先の日本人		2	0	1	3
日本語学校の教師		1	0	1	2
警察		1	0	0	1
誰にも相談しない		0	5	8	13
合計		19	16	27	62

が多い。困っていることを日本人や第三者に知られたくないという就学生の特徴も参与観察から認められる。聞き取り調査対象の男子就学生は、「他人に相談することはない」と言い、その理由を「一人ひとり意見が異なるから」と述べている。就学生だけではなく愛知県居住の中国人女性（三十歳、中国人の配偶者）に聞き取りを行なったところ、彼女も「中国人と日本人とでは考え方が違うから、中国人は日本人に相談することはない」と回答している。

土居［一九七二］は、中国人が自国の文化に絶大な誇りをもっているため外来文化をとりこもうとしない傾向があり、中国人の社会が日本人の社会とちがって、およそ甘えの世界とは縁遠いものであることを示している［土居 一九七一、四七］。そして好奇心旺盛な日本人が外来文化をとりこもうとするのとは、まったく対照的であると、日中両社会の相違から中国人の特質を考察している。これを裏付けるかのように、ある中国人就学生（二十二歳、男性）は、「二十歳を過ぎたら、学費も生活費も全部自分で働いて払う。日本から中国へ一時帰国するときには、これまで育ててもらった分のお金を少しずつ親に返している」と、親子間の暗黙のルール（親に甘えてはいけないという）に関して私に話している。

また、日本語教師に対する参与観察からは、そのほとんどが就学生の相談にのってあげたいと思っていることがわかった。就学生は寂しくなったときや相談したいときにはインターネット電話を利用し、中国にいる両親に話すことで問題解消につなげていることが多く、日本人教師に頼ることは少ないことが確認された。今やインターネットは、離れて暮らす親子の強固な絆を形成する手段となっており、中国人就学生の家族観維持に大きな役割を担っている。

表18　就学生の楽しみ

楽しかったこと	人数
寝ること	12
日本語の勉強	11
日本語学校の生活	11
アルバイトで給料をもらったこと	11
中国へ一時帰国したこと	4
中国のお菓子を食べること	2
サッカーをすること	1
家族に電話すること	1
中学校時代を思い出すこと	1
高校時代を思い出すこと	1
初めての外国生活	1
ブランドバッグを買ったこと	1
友だちからの手紙	1
てんぷらうどんを食べたこと	1
仕事（アルバイト）の初日	1
家族との旅行	1
デート	1
合計	62

以上のことから、中国人就学生には「何か困ったことはないか」と聞いてから支援の手を差し伸べるのではなく、あらかじめ日本社会での生活において就学生に不自由がないように、生活・学習面の支援制度を整備しておく必要があるといえる。

＊5「日本に来て、楽しかったことは何ですか？」

自由回答方式で聞いたにもかかわらず、就学生の日本での楽しかったことは、「寝ること」、「日本語の勉強」、

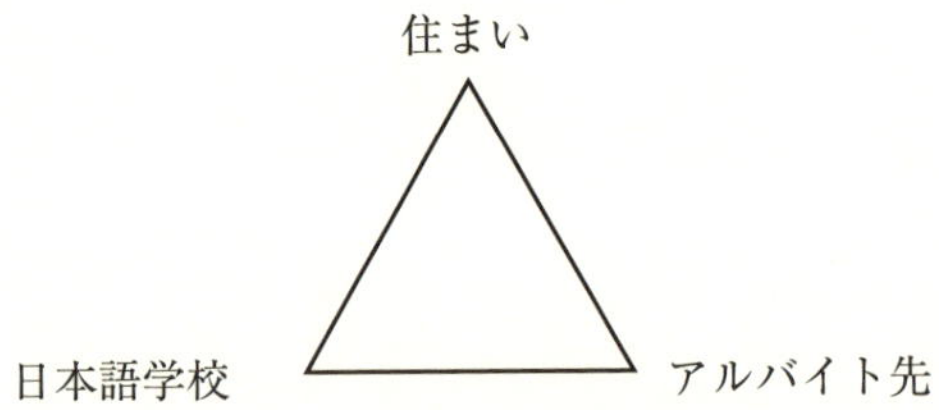

図１　就学生の行動範囲

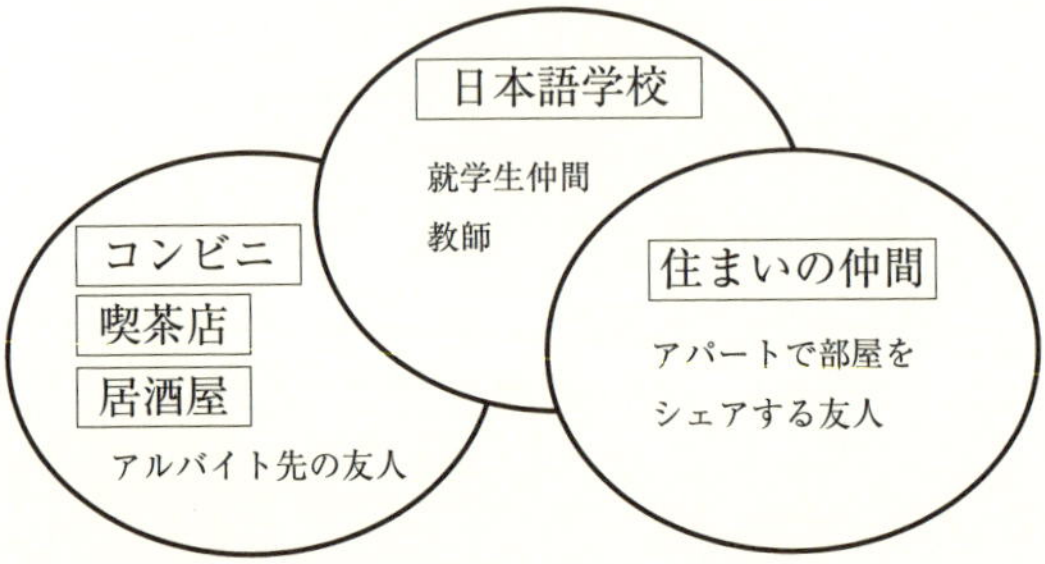

図２　中国人就学生の日常生活におけるつながり（筆者作成）

「日本語学校の生活」、「アルバイトで給料をもらったこと」の四つに集中する傾向が認められた。就学生の日常は日本語学校の授業とアルバイトとで疲労が蓄積しており、「寝ることが楽しみ」という回答が最も多い。かれらは休日になると、「終日自室で睡眠をとる」と答えている。本質問から、もうひとつわかったことは、就学生が日本で中国のお菓子を食べて郷愁にひたることや、日本語学校の長期休暇を利用して一時帰国し、親に会うことを楽しみのひとつとしていることである。

トライアングルの日常

調査結果から、日本における就学生の多忙な生活が浮かび上がった。「楽しかったこと」を趣味や娯楽の項目で挙げた学生は、ほとんどいない。学生の活動範囲は日本語学校とアルバイト先くらいしかなく、住まいと日本語学校とアルバイト先のトライアングル内でほぼ毎日活動している。したがって、日本での就学期間内に日本の観光地を訪れることや和服・茶華道などの日本文化に接触する機会をほとんどもつことがない。来日して二年になる就学生に「お抹茶」の話をしたところ、「何ですか？」と興味をもって質問してきた。お抹茶の写真を見せたら、「初めて見ました。きれいな緑のお茶なんですね」と喜んで見ていた。日本で二年間も生活していて一度も茶道や華道などの日本文化に接したことがないというのに驚いた。それはすなわち、日本人との接触機会がきわめて少ないことを意味しており、就学期間内に日本文化や日本事情に関する知識があまり増えてはいないという現状を映し出している。

＊6「日本に来て困ったことは何ですか？」（滞日期間別就学生の主な自由記述回答を項目別に（1）から（3）整理しまとめた）

（1）日本語学習の問題（ことばの面）

［来日して半年］
・漢字が覚えられないので、作文はほとんどひらがなでしか書けない。
・授業中、先生の話が聞き取れず、先生に何と答えたらよいのかわからなかった。
・日本語を上手に話せないので、自分の意見をうまく伝えられない。
・何度もアルバイトに応募したが、日本語ができないという理由ですべて断られた。

［来日して一年］
・ことばがわからなくて、相手の言うことが理解できない。

・アルバイト先で給料の明細を見たところ、労働時間に対して少なかったため申し出た。しかし、うまく日本語で交渉できず諦めるしかなかった。
・ことばがわからなかったため、アルバイト先でミスをおかした。
・大学進学の情報が日本人学生に比べて得にくい。
・大学に進学したいが、試験問題が解けるか心配である。

［来日して一年半］
・日本語が上手ではないという理由から、時間給が日本人より低い。
・日本語がわからないことから、日本人との交流ができない。なかなか日本人の友だちができず寂しい。

アルバイト先で日本語が話せないために賃金や作業量の面で不利益を受けている学生がいる。差別体験に関しては、日本語学校の中で差別的な対応をされることはないが、アルバイト先での待遇面や仕事（アルバイト）探しの面で被差別経験をもっていた。

来日して一年くらいまでは、ことばがわからないとアルバイトで不利な立場に立たされることや日本語学習に困難を生じることが問題であったが、一年半になると日本人との交流ができないことを寂しく思うようになっている。

（2）経済面

［来日して半年］

・日本の物価高に驚いた。

［来日して一年］

・食料品、家賃が高くて生活が苦しい。

［来日して一年半］

・大学に進学できたとしても四年間授業料が払えるか、とても心配。

・アルバイトを一生懸命しているが、自分のほしいものも買えない。

（アルバイトの種類は、居酒屋・レストランの皿洗い、清掃など単純労働がほとんどであった）

来日して一年くらいまでは、日本の物価高に悩むことが多いが、一年半になると大学進学資金に不安感をもつようになっている。

（3）生活面

［来日して半年］

・生活習慣の違いにとまどった。日本のごみの捨て方や交通規則などに慣れるのが大変だった。

・一人暮らしなので寂しい。

・日本人との交流がない。
・日本人は忙しい。日本人の生活がスピーディーでついていくのが大変。

［来日して一年］
・毎日、日本語学校とアルバイトで忙しく、日本の観光地に一度も出かけることはなかった。
・買い物に行く暇すらない。
・自分のアパートから日本語学校まで遠いので、通学が大変だった。時間もかかるし、体の負担も大きい。
（この就学生は、低家賃のアパート希望のため、家賃の高い学校周辺に住むことができなかった）
・自転車なので、雨の日は大変だった。
・日本の食べ物が口に合わない。

［来日して一年半］
・野菜が高くてスーパーでは買えず、野菜売りのおばさんから安く売ってもらう。
・肉が食べたくても高くて食べられない。日本に来てから一度も牛肉を食べたことがないので力が出ない。
・フォークとナイフが使えないので、恥ずかしいから日本人とレストランに行かない。

来日して一年くらいは、日本の習慣や日本語学校の通学に慣れるのが大変だった。一年半になり日本人と交流をしたいと思うが、食事マナーに対する自信のなさから誘いを断ってしまう就学生の姿が浮かび上がった。

表19　就学生の現在の悩み

・アルバイトで忙しく、勉強する時間がない。
・日本の物価高。
・家賃が高い。
・アルバイト先で差別を受ける。（ほかの人より仕事をたくさん与えられる）
・アルバイト先で、同じ中国人からいじめを受けた。人間関係が悪い。
・日本人の友人ができない。
・ことばがわからなくて苦労した。（例：自転車に乗っているときに車とぶつかった。痛かったが、言いたいことが言えなかった。）

聞き取り調査からわかったことは、日本の大学・大学院・専門学校進学に際して就学生の困ったことのひとつが、受験情報（たとえば、大学の受験日、入学試験の方法、試験の難易度、受験に必要な学習内容、受験書類の入手方法等）の獲得が日本人学生に比べて困難なことである。そのような就学生のために日本語学校では進学説明会を開催しているところも多い。ほかには、ナイフとフォークの使い方がわからないために日本人から食事に誘われても断ってしまうという就学生がいた。かれらは日本で生活しながら日本語だけでなく、食事のマナーも身につけたいと考えている。

＊7「あなたの現在の悩みは何ですか？」
（就学生の聞き取り調査から得られた主な回答を表19にまとめた）

＊8「あなたは将来、日本に住むつもりですか？」

中国に帰らず日本で就職してそのまま日本での生活を希望する学生も二十二人（表20）と、およそ三人に一人は日本への定住意思がある。このような学生には、大学三年生からの就職試験に必要な面接対策の日本語学習も必要である。

さまざまな悩みをもつ就学生が気軽に相談できる、カウンセラーを設置し

表20　日本への定住意思

将来	人数
中国へ帰る	36
日本に住みたい	22
未定	4
合計	62

ている日本語教育機関もある。外国語に堪能な職員が書類手続きに必要な日本語を教えたり、悩みの相談にのることもある。

＊9「日本語学校の教師に望むことは何ですか？」（聞き取り調査結果から要望をまとめた）

日本語教師への要望

①教え方

・もう少しゆっくりと教えてほしい。
・楽しく教えてほしい。テキストどおりに教えるだけでは、単調で毎日つまらない。テキスト以外に教材も用意してほしい。
・文法の説明をもっと詳しくしてほしい。
・教え方が教師によって異なるので、統一してほしい。
・テキストだけではなく、日本事情・日本文化・日常生活の常識を教えてほしい。
・教師自身の能力向上をはかってほしい。
・教師と話すチャンスが少ない。授業中や授業後に先生ともっと話をしたい。
・一分でも無駄にせず、厳しく教えてほしい。
・宿題を多くしてほしい。

②接し方

・小学生や中学生ではないのだから、もう少し成人として尊重してほしい。

・先生はよくできる子ばかりに向かって授業をする。平等に扱ってほしい。

③大学受験に関する要望

・進学の情報があまり入らない。自分のレベルに合った大学情報が知りたい。

・日本の大学を受験するのは初めてなので、見学を実施してほしい。

以上の聞き取り調査から明らかなように、日本語学校の教師に望むことは、個々の学生により違いが認められる。しかし「決まった授業時間を有効に使って厳格な指導ができる」教師像を希求している学生の存在が顕著であった。

主に日本語学校では、正規職員としての日本語教師のほかに非常勤、いわゆるパートタイム教師が多数雇用されている。専任講師も非常勤講師も日本語教師養成講座を修了し、日本語教育能力検定試験にも合格した努力家の講師が多い。外国滞在の経験が豊富で、外国に興味・関心があり、外国人に対する差別や偏見をもつことは少ない。また絵をかくことが上手で、手作りの教材を使い熱心に指導する講師もいる。日本語学校非常勤講師の経歴は元学校教諭、主婦、会社員、大学院生など多様で、豊富な社会経験が就学生に日本語を教えるための貴重な資源（リソース）となっている。

表21　就学生の学びたい日本語

学びたい日本語	人数
日本人との交流に役立つ日本語	23
大学（大学院・専門学校）受験に役立つ日本語	20
日系企業の就職に役立つ日本語	10
日本留学試験に役立つ日本語	5
日本語能力試験に役立つ日本語	3
回答なし	1
合計	62

＊10「あなたが最も学びたい日本語は、どのような日本語ですか？」

「日本人との交流に役立つ日本語を学びたい」と答えた就学生が二十三名と最も多かった。かれらは、進学を目指してもっぱら受験対策の日本語を学んでいる。受験用の日本語能力も必要であるが、日本人とのコミュニケーションが円滑にできる能力の向上もまた望んでいることがわかった。今後は、この調査結果に表れたような学習者のニーズを把握し、日本人との交流が叶うような会話練習も実践できるとよいだろう。学生は日本語能力の問題、日本の物価高による生活苦、アルバイト先での待遇面、日本人との交流等で困った経験をもっている。かれらは日本語が上手に話せないため、日本人との交流ができず、寂しい思いを抱いている。そのため、「日本人との交流に役立つ日本語を学びたい」と回答している学生が多く存在する。

聞き取り調査から、就学生は日本人との交流に役立つ日本語を学習し、日本人から「礼節」を学びたいと考えていることがわかった。「日本語学習」日本語を学ぶだけではなく日本人の礼儀正しさ、マナーもともに学ぶことで、「諸外国のどこへ行っても、誰と交流しても恥ずかしくない人間になりたい」という意見が多かった。次に中国人就学生の学歴を調査した。がかれらの最終目的ではなかった。

＊11「あなたの学歴を教えてください」

表22　中国での学歴

学歴	人数
高校卒（高中）	22
専門学校卒（注1）	16
大学卒（本科・大本）	10
大学中退	3
短大卒（注2）	3
不明	8
合計	62

（注1）中国では自動車学校（自動車技術を学ぶ）、服装学校、調理学校などを指す。
（注2）中国では「専科」あるいは「大専」といい、3年制。

表23　父親の職業

職業	人数	%
会社員	20	32.3
会社経営者	16	25.8
無職	5	8.1
公務員	4	6.5
店主	3	4.8
技師	3	4.8
運転手	3	4.8
工員	2	3.2
建築業	2	3.2
修理工	1	1.6
農業	1	1.6
医者	1	1.6
学校教師	1	1.6
合計	62	100.0

中国において大学を卒業してから来日し、日本語学校に入学する学生が、六十二名のなかで十名も存在し、一六％を超える。大学中退と短期大学卒を含めると十六人で二五・八％を占め、三人から四人に一人は短大以上の学歴がある。

大学卒の就学生に対しての質問では、「大学を卒業しても、中国で希望の職を得られないことが多いから来日した」との回答があった。大学卒の学生は日本語学校で二年間日本語を学び、日本の大学院を受験する。調査対象者のうち、大学院進学希望者は十一名にのぼり、約一八％になった。このような就学生の父親は、どのような職業に就いているのだろうか。

＊12「お父さんの職業を教えてください」

中国人就学生には、中国の大都市出身者もいれば、農村出身者もいる。社会環境も家庭環境もさまざまである。父親の職業は「会社員」と「会社経営者」が多数を占める。そのほか技術者、農業

社会見学を楽しむ就学生

日本語学校の大学進学説明会で
真剣に話を聞く就学生

など多様な職種に従事している。高収入を獲得できる職業に就く父親も存在するが、中には無職の父親も五名存在している。聞き取り調査から、子どもを日本へ送り出す際に多額の借金をしている親がいることも判明しており、親の子に寄せる学業・職業への期待は高い。

日本語学校コミュニティの形成

中国の出身地を同じくする出身地コミュニティの形成は、調査対象の中国人就学生に関しては見られなかった。就学生は日本語学校で知り合った学生仲間にアルバイトを紹介してもらうか、または個別にアルバイトを探す。日本語学校の教室を拠点として集い、アルバイトや日本語学習、中国の情報を交換・共有する。先輩後輩関係も日本語学校で形成される。つまり大きな出身地コミュニティの形成は認められないが、日本語学校コミュニティの紐帯は強くはないものの維持されている。したがって大学・大学院等へ進学後も日本語学校コミュニティはある程度存続する。大学・大学院等では、同じ日本語学校の出身者でグループができている。相互協力しながら学業に励む姿が見られる。日本語学校コミュニティは、同じ日本語学校から同じ大学・大学院等高等教育機関に進学した学生にとって、同窓就学生の情報ネットワークとして機能している。

3　中国人就学生は日本で何を思い、どんな生活をしているのだろう

日本で「中国」を学ぶ中国人就学生

これまでの聞き取り調査から、就学生は自国のことで理解できないことや知らないことを日本で学びたいという希望をもっていることがわかった。

中国の天安門広場で民主化を求めるデモ隊と軍・警察が衝突して世界に報道された「天安門事件」（一九八九年六月四日）を「来日後に初めて知り、衝撃を受けた」と多くの中国人就学生が回答している。とりわけ、自分が知らなかった天安門事件のことを「日本人」が知っていることに対する驚愕であった。就学生の多数が「来日後に就学先の日本のことより、自国のことを勉強した」と答え、「日本の図書館で中国の学生や若者が関与した事件・出来事を学んだことが、日本への就学の最も大きな収穫であった」と語っている学生もいるほどだ。

中国人就学生は日本の治安、経済、教育環境が比較的良好な点で、就学先としての日本を高く評価している。そして、日本で働きながら日本語学校に通うだけではなく、自国では明確にわからない「自国の出来事」を、比較的近い日本で学ぶことが可能である点を高く評価している。

呼び寄せとネットワーク

中国人就学生にとって日本へ来るための拠りどころとなるのは、就学生の親族・友人・知人である。たとえば、きょうだい（兄姉）が先に就学生として来日し、その後何年かして高校を卒業したきょうだい（弟妹）が来日する。その頃には上のきょうだいは大学生となっている。自分が住むアパートに下のきょうだいを招き寄せ、きょうだいの同居生活が始まる。兄や姉と同じ日本語学校に入学し、同じ大学を受験するケースが多い。また、日本に移住した親戚を頼っての来日も多数見られる。親戚が日本で商売に成功している場合は、日本で高等教育を身につけさせようと中国の甥・姪を呼び寄せる。呼び寄せられた甥・姪は、その親戚の家に間借りし、親戚の生活・経済支援を受けながら日本語学校に通う。学費支弁者も親戚が引き受ける場合が多い。

就学生はアパートを借りる際の保証人、日本語学校入学時に必要な学費支弁者等を日本に住む親戚に頼る。日本での生活において必要な情報提供基地としては親族ネットワークが機能する。就学生は日本の地域社会との関係はあまりないのが特徴である。

就学生は日本語学校を卒業して大学、大学院や専門学校に進学すると、同窓就学生同士のつながりは存続しているものの、ほとんどの場合、日本語学校や教師とのネットワークは途絶えてしまう。しかし日本語学校を卒業した就学生が継続して学校と関わりをもてるようなネットワーク構築が重要である。就学生の蓄積された貴重な体験が日本語学校後輩たちへの財産となり、ひいては何よりも力強い就学生支援となり得るからである。日本の小・中・高校の場合、卒業後は「同窓会」があり、毎年あるいは何年かに一度は同窓生や先生に会える機会がある。日本語学校の場合は卒業すると「同窓会名簿」作成を行なっている学校の存在は認められるが、一般的に日本の小・中・高校のような組織だった「同窓会」はない。就学生は全国各地の大学・大学院・専門学校に分散して進学するため、就学生と教師や就学生同士が会う機会は減少する。そのため、進学した就学生に大学の情報を得ることは難しい。日本語学校とのつながりが卒業と同時にほとんど途絶えてしまうからである。

全国の高等教育機関に進学した学生とのネットワークを築き、就学生とのつながりを保持すれば、かれらからの有益な情報や意見を授業づくりに生かすことができる。日本語学校にとって就学生は、学業面での貴重な人的リソースであり、大切に交流を続けながら将来にわたる強力な絆を辛抱強く育みたい。

もうひとつ、日本語学校同士のネットワークの重要性についても指摘しておきたい。現在のところ、講師採用をめぐる日本語学校の連携は見られるものの、日本語学校が相互に協力して就学生支援（学習面、生活面）を行なうことは、あまり見られない。しかしながら日本語教育の実態を体系的に把握し、その情報を各日本語学校・教師が共有する必要がある。日本語教育を通じて得られた貴重な経験や指導のノウハウを共有財産として活かせるように、日本語学校同士・教師同士の連携を推進することが、就学生への質の高い教育につながると考える。

日本語学校のネットワークを築き、学校のより良い運営や教師の育成、教材開発など将来展望をもった相互学習の場をもつことで解決できる問題は多い。ますます増加するであろう就学生の受け入れを協力体制のもとで総合的に考えるべきである。そうすることで、日本語学校のレベル格差、教師のレベル格差の解消にも役立つと思われる。聞き取り調査に表れたように、就学生は大学や専門学校の進学情報を得ることの難しさを訴えている。そうした学生への情報提供にも役立つと考えるからである。

就学生は、地域社会とのつながりがほとんどない状態で「外国人学生」として孤立する傾向が見られる。就学生は、日本語学校に通う二年間の短期滞在者ばかりではない。かれらは、日本語学校を卒業し、大学に入学しても通学範囲の大学であれば、同じ地域に引き続き居住する。アパートを引っ越すことはほとんどない。大学を卒業後、中国に帰らず日本の企業に就職する学生も多数存在する。この場合も同じ地域に居住することを希望する者が多い。中国から来日し、日本語学校に通いながらアルバイトで自活し、きょうだい（弟や妹）を呼び寄せる。そのまま日本に暮らすことを決め、永住権を取得する者もいる。

地域住民と就学生

本来なら就学生は地域の日本人たちとの交流を通じて視野が拡大し、地域を通じて日本社会を知り、地域の人たちと互いに異なる文化を学び合うことで、ひとりの人間として大きく成長することが期待されるところである。このような意味からも就学生と地域社会について考えてみたい。名古屋市の、ある町の日本語学校所在地に居住する日本人五十八名（任意抽出）の意識調査を行なった。その結果、地域住民は就学生と交流がなく、かれらの生活実態を把握している者はほとんどいなかった。地域の人たちは、就学生をはじめ外国人との交流に関心があるのだろうか。地域住民に国際交流への関心について質問した。

地域住民への質問

〔質問　あなたは就学生や外国人との交流に関心がありますか〕

日本語学校附近に居住している日本人住民五十八名に行なった質問紙調査で、「就学生や外国人との交流」に関心があると回答した人は、全回答者の約五七％にあたる三十三名であった。およそ六割の住民は交流に関心がある。日本語学校の中には、日本人大学生と就学生との交流会を毎年開催し就学生と同世代の日本人の若者との交流をはかっているところもある。今後は大学生だけではなく、就学生と地域住民との交流をはかり、住民側に就学生への理解を促進することが必要であろう。

なぜなら、地域住民への質問調査から、地域住民は就学生に対して次のようなイメージを抱いていることがわかったからである。

・自転車で突進する。
・大声で話す。
・ごみの出し方のマナーを身につけていない。

表24　外国人との交流への関心

関心がある	33
とくにない	21
無回答	4
合計	58（人）

地域住民は日本語学校や就学生との交流がないために、就学生の生活実態を把握できない。地域にどのような就学生が居住しているのか、またかれらがどのような生活をしているのかがわかれば、就学生に対する地域住民の理解促進に役立つと考えられる。

お金がいくらあれば、日本で生活できる？

名古屋市居住の中国人就学生は、一カ月あたりどのくらいの生活費で暮らしているのだろうか。二人の就学生の家計簿を紹介する。

家計簿を購入し毎日記帳している就学生に家計簿を見せてもらった。毎月の支出を見ると、表25のように就学生二人とも食費を節約している。一日の食費は、わずか五〇〇〜七〇〇円あまりである。安い食品スーパーを探

表25　就学生の家計簿（1カ月分の生活費）
（授業料を除く）

①中国人就学生　Tさん（女性）（2008年6月分）
（端数切り捨て）

ガス代	3,000
電気代	3,000
水道代	1,350
食費	15,000
部屋代	25,000
交通費	1,600
交際費	6,000
日用品費	5,000
合計	59,950円

②中国人就学生　Sさん（男性）（2008年6月分）
（端数切り捨て）

ガス代	1,500
電気代	1,500
水道代	1,300
食費	21,600
部屋代	25,000
交通費	1,600
交際費	6,000
日用品費	5,000
インターネット	1,500
合計	65,000円

して購入し、毎日自炊する。

ある日、二人の就学生が私に野菜を見せてくれた。彼女たちがうれしそうに言うには、野菜売りの農家の人に出会い、ほうれん草二束を一〇〇円で買ったそうだ。「安いよ、安いよ」とにこにこして話してくれた。「これを少しずつ食べれば、二、三日は大丈夫」と言い、節約できたことに大喜びであった。

アパートの家賃に関しては、就学生の場合、ほとんどの学生が二人で部屋をシェアしているので半額ですんでいる。就学生二名の家計簿から明らかなように、就学生の家計簿の支出項目および支出金額はよく似ている。交通費・交際費・日用品費は二名ともまったく同額の支出であり、一カ月間の支出額は五千円ほどの違いしかない。二名のデータのみではあるが、就学生はライフスタイルの相似から、ほとんどの学生が似たような家計状況であることが推測される。

就学生は、一カ月の家賃が数万円（五万五〇〇〇～七万円）のアパート一室を友人やきょうだいと二～三人でシェアしていることが多い。アパート入居時の礼金・敷金については、聞き取り調査を行なった結果、「外国人なんだから払わなくてもよい」という意見が、「外国人でも日本人と同じように払わなくてはならない」という意見を上回っている。入居時の礼金・敷金は就学生にとって高負担である。そのため、大学進学にあたり、通学が多少遠方になっても日本語学校時代に借りたアパートにそのまま暮らす場合が多い。

就学生（日本語学校生）から留学生（大学生）になると、一カ月の生活費はやや高くなる傾向がある。私立大学三年生の留学生（女性）の家計簿を見せてもらったところ、一カ月あたりの生活費は平均して八万円であった。アルバイトをしながら、ただひたすらに日本語学校で勉強していた就学生の頃より交際費と衣服費が増えたと話している。

中国での生育環境と進学

就学生は、中国でどのような環境のもとに育っているのだろうか。かれらは、一九九〇年代に生まれている。中国で一人っ子政策が推進され始めた頃である。経済的に恵まれた親は一人っ子に外国留学を勧め、将来を託すことも多い。私がインタビューした学生の中には、親が日本留学を強く勧めてくれ、学費をすべて先払いしてく

表26　進学者内訳（2007年度）（出典：財団法人日本語教育振興協会）

進学先	人数	%
大学	5,000	32.8
大学院	1,131	7.4
短期大学	276	1.8
高等専門学校	84	0.5
専修学校	8,675	56.8
専門課程各種学校等	101	0.7
合計	15,267	100.0

れたと答える者もいた。

就学生は将来の職業を視野にいれた大学の選択を行なっており、多くの大学の中から漠然と受験大学を選択しているわけではない。目指す職業に直結する学部を選択し受験する。たとえば、弁護士志望の学生は「法学部」を選択し、日本の企業経営を学び、中国で経営者を目指す学生は「経営学部」を選択する。薬剤師を目指す学生は「薬学部」を選択する。このように明確な将来設計を描く中国人就学生が多数確認されている。二〇〇七年度の日本語学校から高等教育機関への進学者は一万五二六七人で、進学先の教育機関別人数は表26のとおりである。

就学生の高等教育機関受験傾向に関する特徴は、第一、第二、第三志望というようにレベル差のある大学を複数受験する傾向があまり見られないことである。一大学のみ受験し、その大学が合格すると他大学を受験せず、合格した大学にすぐ入学手続きをする学生が多い。あるいは、第一志望大学をまず受験し、不合格の場合のみ、次なる大学を受験する。大学を一校合格すると、その大学よりさらに偏差値の高い大学を受験しようという気持ちはほとんどの学生に見られない。就学生にその理由を問うと、「受験手続が大変な苦労を伴うため疲れ果ててしまう。合格できる保証のない上位校を、苦労して多くの書類を作成して受験する気持ちは起こらない」と答える。一大学しか受験せず、合格できなかった場合、とりあえず専門学

表27　2008年度中国人就学生進学の傾向

1	大学院志望者が増加している。 （中国で大学を卒業している就学生の増加に伴う）
2	心理学科志望の学生が出現した。 （これまでは見られなかった）
3	短期大学志望者が0になった。
4	経営学科志望が最も多いのは変わらない傾向であるが、理工系志望者も出現するようになった。
5	これまでの中国人就学生は、全員が近県の高等教育機関へ進学したが、2008年度は専門学校に限れば、東海地方よりも東京の専門学校へ進学する学生が増加した。 （東京へ遊びに行き、東京に住みたいと思うようになった）

（名古屋市内日本語学校任意抽出聞き取り結果、2009年4月）

校に入学し、在籍しながら志望大学を目指して再受験する者もいる。志望大学に見事一回の受験で合格できる学生はわずかで、ほとんどが志望大学より偏差値の低い大学に入学している。大学に合格できなかった場合は、短期大学や専門学校（工業、服装、観光、ビジネス）を受験し、合格すればそこに入学する。

就学生の志望学部は、これまでの傾向として経営学部と経済学部が最も多かったが、近年は技術を学ぶ目的で理工系、とりわけ愛知県居住の就学生の場合は自動車学部を志望する就学生の存在がある。ただ従来多かった自動車短期大学への志望は減少した。二〇〇八年度は短期大学への進学がほとんどなく、大学院志望が増加するなど中国で高学歴を身につけた学生の増加に伴い、日本での進学先も高学歴化している。中国人就学生の進学の特徴は表27のように五つにまとめられる。

4　中国人就学生は「聴く」ことが難しい

聴解に必要な現場臨場感

二年間の就学生活の中で、来日して日が浅く、日本語学習時間が短い学生は「文法」が最も簡単と答え、来日後一年以上経過したような日本語学習時間が長い学生は、「会話」が最も簡単と答えている。また最も難しい学習項目は、来日後まもない学生も来日後一年以上経過した学生も「聴解」と回答している。ただし、これには当然ながら、教師の力量が影響していよう。教師の指導法や教材の選択などによる学習者の困難も考えられるからである。

それでは、就学生に「聴解」をどのように指導したらよいのだろうか。就学生にとって「聴解」がどうしてそんなに難しいのか質問すると、「テープ教材の話すスピードが速いために聴き取ることが難しい」という。実際に、テープ教材で流れる日本人の話し方は非感情的で抑揚に欠け、街角で耳にする日本人たちの会話に比較すると、ゆとりと間《ま》がなく、「速い会話」と知覚される。あらかじめ声を録音したテープを聴解教材として使用するのであれば、実際の日本人同士の会話場面をテープに収録し、それを教材として使用したり、教師自らの声で自然な速さの朗読テープを作成したりするなど、実際の場面との隔たりをなくし臨場感を味わえるような工夫が必要ではないだろうか。

筆者が収集したファミリーレストランでの母娘の自然会話（臨席で聴取した無作為抽出による会話サンプル）は、十秒間に六十二拍（他の要因を考慮しなければ一分あたり三七二拍、拍とは一定の長さを持ちそれ以上細かく分けられない単位をいう）、日本語能力試験一級聴解問題テープ教材の男性の話す速度は二十七秒間に二〇二拍（一分あたり四四九拍）であった。柴田［二〇〇七］は、NHK夜七時のニュースにおいて男性アナウンサーの話す速度が一分あたり三九〇〜四七〇拍程度であり、日本語能力試験三、四級程度の学習者ではついていけないと述べている［柴田、二〇〇七、四〇］。このことからもわかるように、就学生の大半は三、四級程度のため、日本語能力試験聴解問題における会話速度にはついていけないのである。

一方、日本留学試験では「聴解」と「聴読解」に重点が置かれ、学習者がいかに早く正確に情報を聴き取り読み取るかが問われている。このように外国人が受験する日本語試験では、「聴き取りのスピードアップ」が求められる。

ある中国人就学生（男性、二十歳）にどのように聴解の勉強をするのかを質問したところ、「自室にあるＣＤ・テープ再生機で、テキスト付録のＣＤ・テープを聞くくらいしかできない」という。ほかの学生は「聴解の勉強は、学校の授業以外何もしていない」と答える。あるいは、アルバイト先の日本人が話す日本語を聴くこととテレビドラマを見ることで「聴く」練習をする程度である。

これらの結果から、学生は「聴解」をどのように勉強していいのか、勉強方法がわからないためにほとんど勉強しないことが明らかになった。

聴解能力を計測する方法が変わらない限り、受験生の聴解学習に対する意欲的な態度につながることは難しい。日本での生活が長期化し日本語を話せるようになっても、日本語能力試験や日本留学試験には会話試験がないため、会話能力が評価されない。会話試験の場合、受験者の評価を点数化することが困難であるという理由も考えられる。一般的に語学試験の場合、ＣＤ・テープを聴き、マークシート方式で答える聴解試験が多く採用されている。実際の会話場面では、相手の話す速度を自分の理解可能な速度に変えることができない。ゆっくり確認している暇はない。就学生の聴解能力を向上させるためには、教師が自然な音声をインプットすることと実際の運用場面に接触する機会を増大させる必要がある。

聞き取り調査からわかったことは、大半の学生が「アルバイト先の日本人が話すことばを聞くこと」が最も日本語学習に役立つと回答していることである。アルバイト先の日本人が話すことばこそ就学生の実体験に基づく「生きた日本語」だと就学生は話している。しかも、ＣＤやテープのことばは聞き取れないが、アルバイト先の日本人が話すことばは聞き取ることが可能であるという。それは、ＣＤやテープのような「一方通行」の学習ではないからである。わからないことばを「もう一度話してください」と臨機応変な対応を即座に求めることのできる「聴解」の場だからである。

さらに、音声だけでは聴き取れなくても顔の表情や身体の動きから判断でき、音声にプラスされたそのような補助、すなわち非言語的コミュニケーションが、就学生の「聴解」を可能にしていることが確認された。日本語を聴き取ることが難しい学習者にとって、相手がことばを発すると同時に表す身体の動き（しぐさ）や顔の表情等の非言語的コミュニケーションがいかに重要であるかがわかる。

教師が就学生の質問に「うんうん」とうなずくなら、それは就学生に「あなたの質問の内容がよくわかりました」というメッセージを就学生に送ることになる。この場合の「うんうんとうなずく」非言語的コミュニケーションは、話者（動作者）があくまでも日本人の場合である。外国人の非言語的コミュニケーションのもつ意味が日本人とは異なる場合があるため、ここでいう非言語的コミュニケーションは、話者（動作者）が一般的な日本人である場合の動作をいうことにする。外国人との会話では、動作やしぐさのもつ意味の相違にも留意する必要がある。

相手に向かって微動だにせず話をする人はいない。相手の話に相づちをうったり、うなずいたりしながら相手との会話がなされている。日本語学習者にそうした聴解の手がかりを与えることで、聴解能力だけではなく話す能力の養成にもつなげることが可能である。

これは就学生のみならず、日本語学習者全般につながる指導法である。日本語学習者は相手の動作から、自分自身の体験をとおして感覚として理解することができるのである。音声としてのことば（言語的コミュニケーション）に手がかりとなる動作やしぐさ（非言語的コミュニケーション）をプラスすることで日本語学習者に、ことばだけよりも正確な情報伝達が可能になる。

就学生のニーズ

就学生は、真剣に大学進学や大学卒業後の就職を考えており、その中には日本に留まり、日本企業への就職願望をもつ学生もいる。そのような学生は、高レベルの日本語能力を獲得し就職で優位に立ちたいと考えている。そのため、日本語教師に対し学生への厳しい指導を希望し、授業内容の充実、教師の資質向上を希求する。「宿題が少ない」、「中国語で私語をする学生に注意しない」、「学習レベルが低い」、「時間をかけ過ぎる」といった点で教師に不満を抱いている。かれらは、なぜ厳しい指導を望んでいるのだろうか。それは、試験で高得点を獲得できるように教師から叱咤激励してほしいという理由と、もう一つは同じクラスの学生の授業態度に対して厳しく注意してほしいという二つの理由がある。中国語で私語をする学生に自分が直接注意できないため、代わりに教師に注意してもらい、自分の学習環境を良好に保ちたいと考えている。中国人就学生の間では、中国語ネットワークが形成される。気楽に中国語を使用できることで精神的な心のよりどころが得られるという利点もある反面、日本語学習環境を保つ努力を要することにもなる。

次に、学生は日本語教師と親しく話したいとの願望がある。人間と人間の触れ合い、中国人と日本人という異文化間交流に期待を寄せる。

日本文化の知識がない学生に対して、教師が日本文化に触れさせようと教室に着物を持ち込んで、学生たちに着せ、写真撮影を行なうことや、あるいは日本伝統の「茶道」の実技披露を行なうこともある。しかし、このような「日本文化」、「日本事情」の授業内容は大学受験科目には入っていないため、「さっさとテキストを進めてください」と嫌う学生も少なくない。大学等の受験を控えている就学生には、進学情報や受験対策のための学習が最も歓迎される。教育内容や教育の質を実態に合わせ、受験・進学のための授業カリキュラムにシフトすることを希望している。したがって教師の日本語指導における方法の「自由度」は極めて低いといえる。

5　中国人就学生を追跡してみると
――中国人就学生は一年間にどのように変わったのか

中国人就学生（日本語学校生）聞き取り調査から一年経過後に、前回調査と同じ学生の中から追跡調査が可能な十名（大学一年の留学生）に再び聞き取りを実施し、滞日期間の長期化と生活・日本語・日本人観との関係を検討することにした。この追跡調査を実施することにより一年後の日本社会への適応度も、ある程度は把握が可能と考える。

生活の変化――中国人留学生の語りから

中国人就学生の第一回目研究調査から一年が経過した。調査対象の学生六十二名は日本語学校を卒業し大学へ進学したことに伴い在留資格が「就学」から「留学」に変わった。そのため就学生ではなく「留学生」と呼ばれるようになった。追跡調査した学生のうちのひとりからの詳細な聞き取り調査で得られたデータをもとに、一年間の生活面・日本語学習面等の変化を考察する。この留学生（大学一年生）の語りをフィールド・ノーツに記録して文字化し整理したものを以下に引用する。〔 〕は、筆者の質問を表す。

聞き取り調査：実施日二〇〇九年一月三日
聞き取り方法：インフォーマル・インタビュー法、フィールド・ノーツに記録
調査対象者：中国人、大学一年生、二十三歳（女性）、中国東北部出身、渡日期間二年半、日本語能力試験一級合格者
使用言語と聞き取り時間数：日本語、五時間（休憩を含む）

（1）日本語能力の変化

〔大学に入学して八カ月経ちましたが、日本語能力の面で、変わったと思いますか？〕

新聞の読み方が今でもよくわからない。日本語は漢字の読み方がいくつもあって、難しい。読み方はよくわからないが、意味は大体わかる。あとは、送り仮名の難しさ。たとえば「行」という漢字は、「行く」と「行なう」（行う）など読み方も違うし、意味も違うでしょ。「おこなう」という読み方の場合、送り仮名が「なう」と「う」の二種類あって難しい。大学では、日本語学校と違って、自分の発言が少なく、ほとんど先生の講義をじっと聞いている。だから会話はあまり上達していないけれど、講義の内容をよく聞くことで、内容がよくわかるようになった。日本語学校のときは「聴解」がまったくできなかったけれど、大学に入学してからは聴解能力が向上したと思う。だから、今は「聴解」は簡単に思えて、「会話」が難しく思える。最近受けた日本語能力一級試験では、「聴解」がものすごくよくできた。うそみたいによく聞き取れた。日

本語学校のときは「聴解」テープが速く思えて、まったく聞き取れず、困っていた。今は大学の講義でいつも先生の話をよく聞いているから「聴解」がよくなったのだと思う。日本語学校のときとまったく逆になった。テレビ番組は、下に文字が出ればわかるでしょ。でも、日本人が興奮して、キャーキャー話すと聞き取れない。逆に、私は日本人のように興奮してキャーキャーと高い声を出して、日本語を話すことができない。いつも落ち着いた話し方になる。

大学の講義では、長い文章を速く読まないといけないので集中力が必要になる。「読解」が今、一番難しいと思う。講義を聞くだけでは、日本語が上手にならないので、講義中に先生が使用する単語も教えてほしい。それからもっと講義の中で日本の文化を教えてほしい。せっかく日本に来たのだから、日本の文化を学んでから帰りたい。先生はことばを明瞭に声に出してほしいし、板書も丁寧にしてほしい。何を話しているのか全然わからない先生もいるし、黒板に書く文字がぐちゃぐちゃで何を書いたのか全然わからない先生もいる。私たち留学生に対してはもっと努力してほしいと思う。じっと講義を真剣に聞いていてもわからないので、ものすごく疲れる。私たち留学生は、教室の一番前にすわって、先生の口元を見ながら真剣に聞く。日本人学生は教室の一番うしろの方に座っている。眠っている学生もいる。まじめに私たちは聞いていますだから私たちのこと、もっとわかってほしいんです。

この留学生は、大学に入学して八カ月経ち、「聴解」の能力が向上したことを自覚している。その一方で大学の授業で使うテキストの「読解」に困難を覚えている。

〔大学に入学して初めての期末試験は、いかがでしたか？〕

めちゃくちゃ難しかった。もうまったくわからなかった。私たち留学生のことを考えて出題してほしいです。いきなりでは何も答えられないです。試験の前に出題される問題の語彙や表現などをあらかじめプリントして、試験の前に勉強させてほしいです。あれじゃ、何も留学生はできないです。日本人の学生にはいいと思うけれど……。もう本当に疲れました。もうショックで……。ものすごいストレスになりました。特に専門科目は何がなんだかまったくわかりませんでした。

（2）日本語学校と大学における日本語教育の相違

〔日本語学校と大学では、日本語教育の方法は違いますか?〕

まったく違う。日本語学校はテキスト中心で、文法をしっかりと教え、毎日決まったカリキュラムのもとで学ぶ。学生一人ひとりに厳しく指導し、日常生活で就学生が困らないような対応をとっている。大学では、指導よりも監督に重点が置かれているように思う。授業についてこれない学生は放任される。また週に二回しか日本語の授業がないので、あまり日本語の勉強にはならない。どちらかというと、プリントをもとに文章読解力中心の学習になる。たとえば、私が取っている日本語の授業では、日常のニュースを題材に、先生がプリントを作成して、そこに内容を問う質問が書かれている。最後にこのプリント教材を読んで、感じたことや考えたことをレポートのテーマとして出題される。

日本語学校と大学の違いを、学生への「指導」と「監督」の違いであると留学生は語っている。

（3）留学目的
〔あなたの当初の留学目的は達成できそうですか？〕

日本に来て大学に入学できたので半分達成した。大学卒業後、日本の会社で就職することが大切だと考えている。あるいは、中国で日系企業に就職すること。中国で大学に行っていたのを途中でやめて日本に来たので、きちんと日本で大学の学位を取得したいと思っている。日本の大学に入学して期待通りでよかった。就学生の頃と比べて心が成長したと感じている。子どもから大人になった気がする。日本語学校時代はアルバイトで苦労した。今は日本人の友人ができたし、ことばが通じるようになったので、電器店に自分で交渉してテレビも直してもらえ、自分の日本語能力に自信がもてるようになった。

日本の大学に望むことは、先生に責任をもって教えてほしいということ。大学に入ってよかったことは、留学生支援センターがあること。困ったときは何でも相談に行く。日本語のこと、保険のこと、就職のこと……何でも相談にのってくれる。一番頼りにしている。

（4）ストレス
〔ストレスは、就学生のときと比べて、現在はどうですか？〕

だんぜん大学に入ってからの方が増えた。だから、ストレスがたまると、国の母に電話してたっぷり話をする。パソコン画面で母の顔を見ながら、週に二回電話をしてゆっくり話をする。そうするとほっとできる。母は強い人間で頼りになる。中国では女の人は強いです。特に私の母は強い人です。

〔なぜ、今の方がストレスを強く感じるのですか?〕

やっぱり大学内では、なかなか中国語でみんなとわーわー話せない。日本語学校では、同じ中国人がいっぱいいたからみんな中国語で思いきり会話して騒いでいた。毎日同じような規則正しい生活をしていたし、友だちや先生とも毎日何時間もいっしょにいた。まるで自分の家にいるような雰囲気だった。今は日本語学校が懐かしいです。毎日にぎやかで盛り上がってお祭りみたいだった。大学は講義を自分で選んで聞くだけだから……。毎日友だちと会えないし騒げないし……寂しい。

このようにストレスの原因を寂寥感からと見る学生も多い。そのほかでは、将来の進路に対する不安感と中国の両親の期待に対する責任感が重くのしかかっているからと語る学生も多数存在している。

（5）定住意思

〔日本に定住しようと思いますか。それとも就学生の時と同じように、定住する気持ちはありませんか?〕

変わらない。もともと中国で通訳になるのが夢。だから大学を卒業して少し日本の会社で働いてから中国へ帰りたいと思っている。このまま日本にずっと住む気持ちはない。

（6）日本人観の変化

〔日本人に対するイメージは変わりましたか？〕（この場合の「イメージ」ということばは「印象」の意味で使用する）

就学生時代は、あまり日本人のイメージは良くなかった。今は、少し「信頼できる」けれど、あまり働かない「怠け者」というイメージがある。これまでは真に相手の日本人が「いい人」なのかどうなのか見抜く力がなかった。日本人は「本音と建前の人」というイメージがあったでしょ。また、すぐに私のことを見て、「あっ、中国人」という。人間を、すぐ国ごとに選別して先入観をもって話す傾向があるでしょ。留学生になると、大学の先生のイメージが日本人のイメージになっていった。大学の先生が皆「いい人」だから、今は日本人のイメージがかなり良くなっている。日本人の生活を見ていると、「日本人も結構大変だな」とわかってきた。今は日本人に同情しているんです。

学生の語りをまとめると、日本語学校生から大学生へと環境の著しい変化が、日本人観に多大な影響をおよぼしていることがわかる。中国人就学生の話に出てくるように、日本人が「怠け者」に映る理由を、「アルバイト先の日本人従業員が中国人就学生である自分ばかりに3K（きつい、汚い、危険）の仕事を押し付け、日本人従業員は楽できれいな仕事しかしない」からだとしている。

日本人に対するイメージの変化は、日本での生活体験の増大により日本人観察の余裕ができたことと社会的ネットワークの拡大、とりわけ大学教員との接触が開始されたことに起因している。調査対象者の通う大学では、

「留学生支援センター」という大学制度下にある組織的支援制度が設けられていた。それとともに留学生に対する大学教職員の自主的な取り組みや心温かい接遇が日本人観の好転につながっていることがわかった。

また、留学生支援センターという組織的支援のほかに、留学生を手助けするTA（ティーチング・アシスタント）制度を設けている大学もある。それは大学側から委託を受けた大学生・院生が授業面で相談にのったり、学習の手助けをする制度である。主に、留学生が作成したレポートや宿題を見て、日本語表現の誤りや誤字脱字を直したり、さまざまな相談にのることで学習の困難を解消している。このように大学が一丸となって留学生への支援を行ない、留学生の大学生活の質を高めるための方針を決定することが重要である。

進学先機関

表28　中国人就学生の進学先機関

教育機関	人数（人）
専門学校	3
短期大学	1
大学	50
大学院	4
大学院研究生	2
結婚のため不受験	1
中国へ帰国	1
合計	62

前回調査した中国人就学生六十二名の進学先は、表28のように専門学校三名、短期大学一名、大学五十名、大学院四名、研究生二名、その他大学不受験二名（帰国一名、結婚一名）である。

専門学校に進学した学生の専攻はすべて「服飾デザイン」が占め、短期大学・大学・大学院進学者の専攻は「経営・経済」が大半を占めるのが特徴である。

日本語・日本人観・社会的ネットワークの変化

日本語学校生の時には「日本人の友人がいない」と九名が回答していた。一年後の追跡調査では、「大学生になってから日本人の友人が新たにできた」と回答する学生が五名（ほかに一名は日本語学校生の時から日本人の友人がいた）になり社会的ネットワークの拡大が確認された。

表29からわかるように、留学生（大学生）になってからは「聴解」の難しさはなくなった代わりに、「読解」と「作文」を難しく感じている。大学生になってからは、日本人教員の生の声に触れ、講義内容に関する質問や教員からのフィードバックを通して双方向的学習の機会が増大したことから、「聴解」能力が向上したと考えられる。それとともに、日本滞在期間の長期化により日本語学習時間が増大したからである。対面状況における会話が示すように、話し手の教員と聞き手の学生が相互に情報を伝達・受信できる双方向コミュニケーションによる日本語実践になったといえよう。これにより大学の講義内容を正しく聞き取ることができるようになったことが「聴解」の困難解消に結びついたと考えられる。また大学生になると、長文の内容把

表29　日本語観の変化
追跡調査による中国人就学生の日本語観の変化
前回調査：2008年2月　今回調査：2009年2月
困難を覚える日本語項目（会話・作文・読解・聴解の内）

	就学生時代	1年後（留学生）
A子	聴解	読解
B子	聴解	作文
C子	聴解	読解
D男	聴解	読解
E子	聴解	作文
F男	聴解	作文
G男	聴解	作文
H子	聴解	作文
I子	聴解	作文
J子	聴解	作文

表30　日本人観の変化

	就学生時代	1年後（留学生）
A子	差別する・冷たい	差別する・冷たい・仕事ばかりしている・怠け者・信頼できる
B子	やさしい	話しにくい
C子	温かい・話しやすい・親切・差別しない・礼儀正しい・怠け者・男女不平等	温かい・話しやすい・親切・差別しない
D男	差別しない・信頼できる・やさしい	冷たい・差別する・仕事ばかりしている・男女不平等・やさしくない・信頼できる
E子	冷たい・話しにくい・差別する・怠け者・男女不平等	冷たい・話しにくい・差別する・怠け者・男女不平等
F男	親切	差別する
G男	冷たい・不親切・家族を大事にする	礼儀正しい・やさしい
H子	親切・礼儀正しい	親切・礼儀正しい・家族を大事にしない
I子	冷たい・話しにくい・差別する・礼儀正しい・仕事ばかりしている・男女不平等	話しやすい・親切・礼儀正しい・仕事ばかりしている・男女不平等・やさしい・慎重
J子	差別する・礼儀正しい・男女不平等・やさしい	親切・信頼できる・礼儀正しい・やさしい

＊選択肢（やさしい・やさしくない・親切・不親切・家族を大事にする・家族を大事にしない・差別する・差別しない・礼儀正しい・礼儀正しくない・男女平等・男女不平等・温かい・冷たい・話しやすい・話しにくい・仕事ばかりしている・怠け者・信頼できる・信頼できない・慎重・慎重ではない）

握、レポート作成、論文作成能力を求められるようになる。内容を的確に読みとることや論文を書かなければならなくなったことに「読解」と「作文」の難しさは起因しているようだ。つまり日本語学校生のときと大学生になってからでは求められる日本語能力が異なってきたのである。

また日本人観については、アルバイト先での日本人との賃金格差、深夜労働や3K職場への配置などを「差別的」と受け取っている学生も少なくない。その反面、日本人のイメージが好転した学生もいる。表30のA子の回答にあるように「信頼できる」が加わったこと、G男の日本人観が「冷たい」、「不親切」から「礼儀正しい」、「やさしい」に、またI子が「冷たい」、「話しにくい」、「差別する」から「話しやすい」、「親切」、「やさしい」に、J子の回答から「差別する」、「男女不平等」がなくなり「親切」、「信頼できる」が加わったことである。これらは、留学経験による異文化接触の結果と考えることができる。すなわちかれらが一日のうちで最も多くの時間を費やすアルバイト先の上司・同僚や日本人客、新しく接触が始まった大学教員・職員、日本人の友人との個人的な生活体験にもとづく日本人観といえる。滞日期間の長期化に伴い十名の日本語観・日本人観の変化が認められた。

表31　日本人友人の存在

	就学生時代	1年後（留学生）
A子	無	有
B子	無	無
C子	無	無
D男	無	有
E子	無	有
F男	有	有
G男	無	無
H子	無	無
I子	無	有
J子	無	有

日本語観については日本語学校と大学の授業内容や学習方法の違いにより「読解」と「作文」に対する困難が生じるようになった。

また、滞日期間の長期化による日本人観の変化には、就学生個人の生活体験、たとえばアルバイト先の店長や従業員からの被差別体験、日本人家族との接触体験等を背景に個人差のあることが確認された。滞日期間が長期化するからといって必ずしも日本人観の好転や悪化につながるわけではなかった。

（1）定住意思

就学生（日本語学校生）から一年後に留学生（大学生）となり、生活環境が変わったことによって日本への定住意思に変化はあるのだろうか。

表32　定住意思

意思＼調査時期	1回目調査（人）	1年後（人）
就職して何年か経ったら国に帰る	8	7
ずっと生涯、日本に住む	1	2
未定	1	1
合計	10	10

日本への定住意思に関しては八名が一年前と同じ回答をしており、一名のみ変化が認められた。一年前は「大学卒業後二〜三年働いたら中国に帰る」という回答をしていた学生（男性）が今回の調査では「ずっと生涯、日本に住む」と回答している。それは日本永住を選択した中国人友人の影響を受けた結果である。

日本への定住意思に大きな変化がないのは、日本での留学年数をあらかじめ中国の両親と相談し、明確に決めてから来日する学生が多いからである。

（2）心的ストレスと健康状態の変化

〔あなたは、一年前の日本語学校生のときと大学生になった現在とでは、どちらがストレスを強く感じていますか？〕

心的ストレスに関しては、十名全員が日本語学校生のときより大学生になってからの方がストレスを強く感じている。このうち、一名はストレスが原因で体調を崩し病院に入院中であった。ストレスが原因で変調をきたし食事をはじめ会話ができなくなった。勉学に熱心に取り組んでいるにもかかわらず、大学の講義内容が理解できないこと、試験問題に正解できないことなど学習面におけるストレスが主たる原因であった。この例からもわかるように留学生（大学生）になって半年以上経過してから、すなわち渡日してからおよそ二年半以上経ってもストレス症状を訴える留学生が多いことに留意しなければならない。それでは、身体の健康に関しては、どうだろうか。

表33　心的ストレスの状態（単位：人）

留学生（大学生）になってからの方が強く感じる	10
就学生（日本語学校生）のときの方がストレスを強く感じた	0
合計	10

表34　身体健康状態（単位：人）

就学生のときと比べて今の方が良い	1
変わらない	6
就学生のときと比べて今の方が悪い	3
合計	10

表34の通り、健康状態の悪い学生が三名おり、就学生時代と健康状態が「変わらない」と回答した学生を含めると大半が健康状態は良くないか変わらないかのどちらかである。アルバイトの時間数は減少しているにもかかわらず大学生になってからの方が健康状態の悪化が見られる。「今の方が良い」と回答する学生は一名のみである。この大学生の健康状態の好転は、日本語能力が向上し日本での生活に自信がもてるようになったこと、日本人の友人ができたことの二つが大きな要因であった。

また就学生時代には、調査対象者の多くは社会的ネットワークが欠如しており、困ったことがあっても「誰にも相談しない」と回答していた。聞き取りからわかったことは、大学生活において日本人の友人ができたことや留学生支援センターの支援を受けることができるようになったことなど、問題解決につながる社会的ネットワークの拡大が心的身体的健康状態に関係していることである。

そのほか、中国の家族と離れて単身生活を送ることによる「食事の簡素化」と「寂寥感からのストレス」が主たる原因で体調不良になるケースもあった。就学生時代には、同国の学生と日本語学校においてアットホームな雰囲気で生活しており、勉強の忙しさはあったものの、ストレスはそれほど強く感じてはいなかったことが聞き取り調査から確認できた。

大学生になると生活サイクルに合わせて大学の講義を選択でき自由時間は

増えたものの、中国人の友人たちと中国語で話す機会は極端に減少した。ストレス発散機会の確保が困難な状態が慢性的に継続し健康不良に至っていると考えられる。

さらに、一クラスで学ぶ学生数の急激な増加もかれらのストレスを増大させている。日本語学校では一教師が一クラス二十名以下の就学生を担当しており、かれらの名前も顔も出身地も把握している。大学の中には日本語学校の何倍もの人数で一クラスが成り立つ大規模なクラス運営がなされるところも多い。日本語学校のようにクラス単位でまとまった学習活動は困難である。

中国人就学生は滞日期間の長期化に伴い生活体験が多様化した。大学生になると日本語学習だけではなく、さまざまな講義を受講するとともに講義内容に関わる知識を問われる定期試験を受けるようになる。これまでに日本語学校で学んだ文法・語彙・作文力やアルバイト先で学んだ仕事のことば等では対処できないと学生は感じている。

したがって滞日期間の長期化による生活体験の多様化から、生活に必要な言語には自信をもてるようになった（中国人女子大生の語りにあったように、電器店とテレビ修理の交渉を日本語で行なったことから自信をもてるに至ったことなどが挙げられる）一方で、大学専門科目の学習言語に自信を喪失する結果が顕著に表れた。

（3）日本への留学

〔あなたは、日本の大学をあなたの国の友人に勧めますか？〕

「日本への留学を勧める」と回答した留学生は、十人のうち半分で、勧める理由を「日本では働きながら自力で大学へ行けるから」と述べている。「ほかの国ではアルバイトが見つからない」と答える。また反対に、「日本への留学を勧めない」と回答した留学生は「日本で生活することは、言語と生活費の問題で大変だから」と述べている。それ以外の理由に「大学への期待が失望に変化した」ことをあげる。大学卒業後の就職に対する期待がもてないことを最大の理由としている。大学三年生の秋になれば、就職活動が始まる。履歴書を何十社にも送ったが、まったくだめだったと多くの留学生が語っている。したがって日本で職を求める留学生の就職支援体制の整備も求められる。留学生支援のための企業向けセミナーを開催し在留資格変更の手続きや企業の募集から採用に至るプロセス等を説明する機会を設ける県も出てきた。

聞き取り対象者の中には、日本の大学卒業後、西欧諸国（フランス、ドイツ等）の大学院進学を目指す学生や日本の大学院で修士学位取得後に西欧の大学院で博士号取得を目指す学生の存在がある。これらの将来展望には、中国の両親の意見が反映していることもわかった。かれらの両親は、子どもに日本の学位ではなくフランスかドイツの学位を取得するように助言していた。両親の中には西欧諸国の学位に、高い価値を見出す者がいる。日本とそれほど生活格差が目立たなくなってきた都市部の富裕な中国人は、自分の子どもをアジアから西欧へと、高キャリア獲得のために移動させる傾向が見られる。二〇〇四年に中国からの留学先として最も多かったのはアメリカで、ついで日本、イギリス、オーストラリア、ドイツの順であった［杉村、二〇〇八、一五］ことからすると、近年はアメリカ・アジアから西欧へと移動の方向性に変化が見られる。中国人就学生の中にはこのように日本の大学にひとまず進学し、大学卒業後は日本で学んだ知識を土台に西欧での高い教育期待を表明する者がいる。すなわちかれらが日本に就・留学するのはその「足がかり戦略」である。

表35　日本への留学（単位：人）

勧める	5
勧めない	5
合計	10

聞き取り調査から、子どもに対してより一層の高キャリアを希求する中国人留学生の家族像が浮き彫りになった。日本は一時的な滞在国であると、かれらは考えている。就学・留学の修

了後は母国や他の国に行き、日本に再び戻ってくる者は少ない。

しかしながら、日本への就学志向が依然として高いのは、先述のように西欧への留学希望はあるものの、西欧ではアルバイトという手段で自活しながらの勉学はできないことが多く、それが可能なのは日本しかないからである。もうひとつの理由は、日本が中国と同じ漢字圏だからである。中国人にとって、漢字圏である日本への就学は、心理的な負担を軽減する要因となっている。

就学生から留学生になって変化したことは他にもある。大学入学後に日本語能力試験を受験し上位の級に合格すると、中国人就学生は日本語習得意欲が減退し、英語習得へと方針転換することである。ある大学の留学生クラス（三年生）で聞き取りを行なったところ（六名）、日本語能力試験一級合格者の中国人留学生が全員（六名）、英語学習に意欲を示した。大学への不満は「留学生に日本語の授業はあっても、留学生用の英語の授業がないこと」であると六名全員が回答している。中国人留学生は日本で日本語に磨きをかけることよりも、日本滞在中に英語を習得したいとの希望をもっている。かれらの希望は日本で日本語だけではなく英語力も身につけることである。

（4）日本での生活に対する不満

留学生は滞日期間の長期化により不満の種類が増加するだけではなく、不満度が高まっている。たとえば生活困窮に対して忍耐強く努力していた留学生が、我慢できずに大学の教職員に対して不満を訴えるようになった。滞日期間の長期化により日本の生活に慣れ、適応が促進されるに伴い、日本社会の外国人受け入れ体制の不十分さに遭遇する機会が増えるからである。

中国人就学生は来日直後には日本社会の新鮮さと大学進学の意欲に燃え日本語習得に夢中になっており、日本

表36　中国人就学生の不満項目

・日本は生活費がたくさんかかる
・日本経済
・日本人の考え方
・日本の新聞記事に見る中国観
・中国人に対する日本人の態度
・アルバイト先の日本人上司の態度
・大学の授業内容
・日本の習慣

表37　「将来の夢」の変化

	就学生の時の夢	留学生になってからの夢
A子	中国で外国語学校を作る	通訳になる
B子	店の経営者	店の経営者
C子	日系企業の社員	日系企業の社員
D男	日本語教師	情報関連企業の社員
E子	通訳	通訳
F男	薬剤師	薬剤師
G男	教師	会社社長
H子	ない	ない
I子	教師（美術）	教師（美術）
J子	法律家	法律家

社会の受け入れ体制まで考える余裕はなかったが、日本社会に慣れるに従い、自分の置かれた現実が見えるようになる。生活に必要な日本語は上達したにもかかわらず、生活そのものの不満度は高まる結果となった。したがって、「生活者」としての外国人問題を考える場合に、入国したばかりの時期よりむしろ日本の生活に慣れた頃にこそ生活支援や心理面における支援の必要性があることに留意しなければならないだろう。

(5) 将来の夢

追跡調査の結果、就学生時代の夢と留学生になってからの夢とは、ほとんど変化しないことがわかった。

表37からわかるようにD男の場合、将来の夢が「日本語教師」から「情報関連企業の社員」に変化し、G男が「教師」から「会社社長」へと変化しているのみで、ほかの八名は一年経過後も変化がない。八名は来日当初からの将来展望を維持している。

追跡調査から

大学では同じ教室内で日本人大学生との異文化接触が始まる。先述のように就学生（日本語学校生）のときと留学生（大学生）になってからでは生活や日本語・日本人観に大きな変化が見られる。それらに影響を与えている要因は、日本人との異文化接触、大学の教育、留学生支援組織、生活体験、社会的ネットワークである。ただし滞日期間の長期化による異文化接触機会の増大は、必ずしも日本人観に影響を及ぼすとは限らない。日本人観は滞日期間の長期化により好転あるいは悪化するわけではなく、学生個々人の生活体験によるものであった。

6　就学生の生活実態

再び就学生の生活実態の話にもどることにしよう。

アルバイトと学校生活

就学生の多くは、毎日アルバイトをしている。大半の日本語学校は一日四限（一限五十分）の授業で、朝から始まるクラスは、午前中に終了する。午後のクラスは夕方五時に終了するため「アルバイトをする時間が多くある」と就学生は話している。

アルバイト先として最も多いのが、「居酒屋」である。授業中に「居酒屋」のチラシを机上に出していることが多い。かれらがアルバイトで最も多く使用する日本語は、居酒屋のメニューに書いてある料理名で、たとえば、「タコブツ」、「もみじおろし」、「姿焼き」、「明太子あえ」などの料理名である。居酒屋のメニューに登場する単語に関しては、かれらは生活がかかっているために必死で覚えようと努力する。しかし、このような特殊な単語は、学生の将来に必ずしも必要なものとは限らない。短期間のアルバイトで必要な単語を熱心に覚え、授業テキストで学ぶ単語の勉強をおろそかにする学生が少なからず存在する。その他のアルバイト先としては、中華料理店、コンビニ、ファミリーレストランなどがある。

かれらがアルバイト先を選ぶポイントは何だろうか？　どうして居酒屋のアルバイトが多いのだろうか？　それは、端的に言えば「まかない」にある。つまり、アルバイト先で提供される食事に魅かれる就学生が多いということだ。居酒屋の「まかない」は、豊富な食材を生かした食事が提供されるようだ。ある日の「まかない」のメニューを就学生に聞いたところ、「チキンのから揚げと煮物とみそ汁に漬物」がつき、そのほかに「生野菜サラダ」が食べ放題、「ごはん」も食べ放題ということだった。味付けも良く、何よりも栄養のバランスがいいため助かっているとのことだった。夕方五時からのアルバイトの場合、少し前に店に入り、まず「まかない」でお腹を満たしてから働くことになっているそうだ。日替わりの「まかない」料理が楽しみで、昼ごはんを食べずにアルバイト先に来る就学生が多いという。このように居酒屋でのアルバイトは、収入源であるとともに就学生の食生活を豊かにするうえで最適な職場とかれらは考えている。

交流を望む就学生たち

就学生たちが「もっと日本人と話したい」、「日本人と交流をしたい」との希望を抱いているとは思いがけないことだった。教師の側から話しかけてもそれほどうれしそうには見えなかったからだ。大半の就学生は日本人の友人がいない。かれらは勉強が忙しく、また日本語能力が不十分であるため、積極的に自分のほうから声をかけることができない。日本人の側から率先して交流の機会をつくれば、相互理解、異文化理解、国際交流等の場を構築することも可能と考えられる。

中国人就学生にとってのアルバイト先は、単にお金を得るための場所だけではなく、日本人と「日常会話」ができる場であり、日本語の「聴解」学習の実践現場でもある。しかし、かれらのアルバイト先は居酒屋・レスト

表38　日本語学校の選択　（単位：人）

世界各国からの学生が多い日本語学校を選択する	42
同じ国の学生が多い日本語学校を選択する	20
合計	62

ラン・コンビニ・スーパーに集中している。そこで使用される日本語は、いわば職場独特の言語表現であり、一定のことばを覚えれば働くことが可能である。使用言語に偏りがあるため、アルバイト先の職場での実践が日本語能力の向上に寄与するとは必ずしもいえない。

中国の大学で日本語教育を行なった日本人教師の話によれば、中国の大学生の日本語能力試験一級合格率は、極めて高い。中国の大学の日本語学部では一級に合格することは当然視されており、不合格者は日本語能力を評価されない傾向がある。

一方、来日して日本語学校で日本語を学びながらアルバイトをする就学生の日本語能力試験一級合格率は低い。「合格」という目的に向かってひたすら勉強する中国の大学生に比べ、アルバイト中心の生活を送る中国人就学生との目的意識や生活の違いが試験合格率の差となっている。

また、中国人就学生はアルバイトをしなければ日本で生活ができない経済環境にあるため、自宅での日本語学習時間を充分に確保できないという理由もある。このような就学生も大学に進学して留学生になると、時間的な余裕も生まれ、日本語能力試験一級合格を目指し学習意欲も高まる。かれらは日本語能力試験一級の資格を、日本の就職試験で最も有利な資格のひとつと考えている。

就学生に「もし、もう一度日本語学校を選ぶことができるなら、同じ国の学生が多い日本語学校と世界各国からの学生が多い日本語学校とでは、どちらを選択しますか」という質問をした。結果は表38のとおりであった。

このように、「世界各国からの学生が多い日本語学校」を選択する者が「同国人学生の多い日本語学校」を選択する者の約二倍と圧倒的に多かった。それは世界各国の学生との交流期待からであった。先述の調査結果では、「交流に役立つ日本語を学びたい」と回答した中国人就学生が最も多かった。かれらは世界各国から来日する就学生との交流に期待を寄せている。

就学生の受け入れ政策

「就学生」に対して日本は、「留学生」にあるような奨学金制度・経済的支援も乏しかったが、二〇〇八年三月十九日、日本政府は「留学生」と「就学生」との待遇差を是正する方向で調整を始めた。留学生と就学生の間には、在留期間（就学生は六カ月ごとの在留資格更新が必要）やアルバイト時間など待遇差が大きかった。二〇一〇年、在留資格「就学」は「留学」に一本化されることになった。これを機会に本書で取り上げた就学生の支援体制の脆弱さを改善し、長期展望に立った政策の充実が望まれる。

就学生は大学・大学院・専門学校進学にあたり、進路の選定や受験費用等経済面でも懸命の自助努力をしている。教育や生活にかかる費用は自ら働いて得ている学生が大半である。このような就学生を通して見えてきたことは、日本社会で「就学生」の立場は極めて不安定であり、確固たる国の体系的な就学生支援制度が整備されていないことである。

日本語学校では、大学院志望の学生であっても他の学生と同じ授業を受けている。大学院進学には、口頭発表能力と論文執筆能力が必要である。また、受験には「研究計画書」作成が最も重要になる。近年、中国で大学・大学院を修了した高学歴の中国人就学生が増加傾向にある。将来ますます増加する大学院進学目的の就学生には、上記対策を盛り込んだ教材開発と教師養成が必要になる。それとともに、大学院進学後に困らない程度の専門書を読む力、論文を書く力、講義内容を的確に把握できる聴解能力、口頭発表能力などのトレーニングを日本語学校在籍中に積んでおくことも大学院受験プロセスの一環として必要である。

日本語学校は法務省・文部科学省・外務省の三省に関連を有し、文部科学省管轄の「大学」とは違って複雑である。教育の質だけではなく、入国管理上、学生の「出席率」が重要視される。

二〇〇八年三月の「第五次出入国管理政策懇談会」では、法務大臣が外国人の留・就学先等の所属機関から情報提供を受ける制度の創設や関係行政機関において、情報を相互に照会、提供できる仕組みの整備を提言した。新たな在留管理制度が創設され、情報の一元化によって外国人の行政サービスが向上し、日本社会での快適な生活に寄与する方向に改善されることが期待される。現状では、当該地方の入国管理局が学生受け入れの決定権をもっている。

教育機関・教師・地方自治体・住民が連携して、教育支援や地域支援、日本人との交流支援を積極的に行ない、よりよい学習環境のもとで、質の高い教育、よりよい社会環境のもとで安全で快適な暮らしを学生に提供することが重要である。

さらに次世代の国際化を担う就学生にとって、日本語教育機関と大学との連携も視野に入れた日本語教育が必要である。日本語学校および日本語教師が大学の授業内容とつながりのある授業の構築や教材の開発等「教育」の分野に注力できる環境の整備も今後の課題となろう。

先述のように、「聴解」の指導面で学習者は日本語習得のための学習方法がわからないために、「聴解」を難しいと感じていることが確認された。学生は授業で行なわれる「聴解」と実際の場面での「聴解」間に乖離があるとうったえており、役に立つのは仕事で耳にする実体験に基づく「生きた日本語」だと感じている。日本語学校の教師が協力し、各教育機関の連携のもとで効果的な学習方法を考案すること、就学生がアルバイト先だけではなく、日本語学校において生きた日本語を学べることなど、さらなる努力と工夫が求められている。

日本語学校は大学受験に合致したカリキュラムを提供しているわけではない。各授業科目（文法・聴解・読解・作文・会話等）にあらかじめ割り当てられた時間数およびテキストが決められている。そのため、教師の裁量が入る余地はほとんどない。時間割の自由度が低いために就学生への日本語教育は画一化の傾向にある。大学院・大学・短期大学・専門学校志望者が同じ授業を受けているのが現状である。日本語学校は「進学予備教育」機関だからである。

次に重要なことは、法務省入国管理局・財団法人日本語教育振興協会・日本語学校・地方自治体が連携し、一同に会して話し合う機会を設け、就学生問題を共有することである。中国人就学生は親から援助のない場合が多く、自力でアルバイトを探し、アルバイトをこなしながら学業に励む学生が多い。したがって、学業や将来の職業に役立つアルバイト先を斡旋することや就学生が保証人探しで苦労することのないように地方自治体が低家賃の住まいを提供することも必要である。就学生の受け入れについて再検討することで、就学生の支援体制の整備や日本語教育政策の充実をはかり、就学生が安心して暮らすことができる社会を構築することが重要である。

就学生への支援

日本の公・私立学校には、国の公費援助があるが、株式会社や有限会社等の設置形態が多い日本語学校は除外されている。学習総時間数は決められているものの、就学生が受けられる科目や科目別学習時間の配分は日本語学校の裁量に任されている。

就学生追跡調査の聞き取りからも明らかなように、日本語教育に関しては高等教育機関への橋渡しの機能をもっていても、高等教育機関で学ぶ専門科目の講義内容に関して橋渡し機能はないために、学生は大学の講義内容についていけず、ストレスを感じることになる。

就学生は二〇〇〇年度より学習奨励費(3)の給付対象になった。しかし物価高にあえぎ、生活の困窮からアルバイトをしなくてはならず、勉学だけに専念できる就学生は少ない。そのような困窮する就学生に対して、奨学金を与えるチャンスを増やし、多くの就学生が安心して進学できる環境を保障すべきである。そのような就学生受け入れの対策を国が日本語学校と連携して考える時期に来ている。

また日本は今後も就学生の受け入れを増加させる傾向にあるが、受け入れが進んだとしても就学生の「教育」に力を入れなければ意味がない。いわゆる「受け入れの質」を高めることが要求される。受け入れるだけ受け入れ、「教育」を放置すれば就学生の進学や将来設計に狂いが生じ、日本へわざわざ費用をかけて来日する理由がなくなる。

日本語学校の厚生施設に関しては、就学生の急病や怪我に備える保健室、食事や歓談の部屋、相談室、図書室などの完備が望まれる。日本語学校の経営努力も当然のことながら、日本語学校への財政的支援がなければ、学校施設の充実は難しい。日本語学校の経営形態は、先述のように有限会社、株式会社、財団法人、学校法人などさまざまで、大規模経営の学校は少ない。日本語学校の大部分は学校教育法に定められた学校ではない。

これまで述べてきたことからわかるように、日本語学校、そこに通う就学生、かれらを教える日本語教師、この三者に対する国・県・市町村の積極的な支援が、今や緊急の課題であると思われる。

日本語教師の実態

日本語学校で就学生に日本語を指導する日本語教師像はあまり知られていない。そこで、就学生に日本語指導を行なう教師二十七名（任意抽出）に質問紙を用意し、記入してもらった。

質問紙実施日：二〇〇九年一月一日～二月六日
参与観察実施期間：二〇〇六年十月～二〇一〇年三月
調査対象者人数・属性：二十七名全員女性、年齢は表で示した。

表39のように教師は二十歳代から五十歳代までの幅広い年齢層だ。質問をしてわかったことだが、日本語教師として忙しく働きながら、二十七名のうち、十名が地域で自治会・町内会行事に参加し、地域との関係が深く、地域住民としての明確な参画意識をもっている。

また外国人との交流に関心がある人は二十二名にのぼる。「外国人が困っていたら支援したい」と答えた人は二十七名のうち、十五名であった。多忙な教師生活のなかで時間をつくり、外国人支援ボランティアを行なっている教師が六名もいた。日本語学校教師の学歴は表40のと

表39　年齢（単位：人）

20歳代後半	3
30歳代前半	3
30歳代後半	3
40歳代前半	4
40歳代後半	5
50歳代前半	5
50歳代後半	3
無記入	1
合計	27

表40　教師の学歴（単位：人）

短期大学卒	3
大学卒	21
大学院修了	2
無記入	1
合計	27

おりである。

四年生大学卒が大半を占め、日本語教師の学歴は総じて高いといえるだろう。教師は決められた授業内容以外にも、「日本文化」や「日本事情」を教え、進学情報や面接対策等も組み入れ、就学生の相談にのることもある。幅広い知識と外国人学生に対する深い理解が必要な職業である。

ケーススタディ

滞日一年半~二年の就学生へのインタビュー事例（ケース1~7）を紹介したい。中国人就学生七名を任意抽出し、かれらの語りを文字化して整理し引用した。使用言語はいずれも日本語である。調査対象者名は仮名とする。（　）内に基本属性を記述した。

ケース1：中国人就学生Tさん（男性、二年前に来日、日本語学習歴二年、大学一校合格）

「アルバイトと日本語」

中国の大学で三年間学んだあと、日本へ来た。東京にいるおばさん（三十五歳）が身元保証人になってくれた。おばさんは日本には三年前に来ている。今、東京で中華料理店を経営している。おばさんは、中国ハルビンの日本語学校で勉強したから、日本語が上手。私の両親は中国にいる。

私は日本語学校の出席率がよくない。七〇％しかない。でも、受験した大学では出席率のことは何も言われなかった。大学に入ったら、環境ビジネスを勉強したい。

日本は環境がいいから。きれいだと思う。

趣味はパソコンゲーム。自分でゲームを作る。パソコンは、日本に来てから十三万円で買った。いろいろ自分で組み合わせたパソコンだ。

アルバイトは毎日している。近くの喫茶店のキッチンで、野菜を切ったり、パン料理は全部作っている。たとえば、トーストやサンドイッチ。日本人と話す機会はあまりないが、喫茶店（有名チェーン店）でスタッフと話す。一番よく使う日本語はコーヒーの名前。全部自分が作るから。たとえば、「アイス、ホット、アメ」。メニューは全部覚えた。日本の印象は、日本人が親切なこと。環境もとてもいい。水も飲める。おいしい。日本に来てから、名古屋しか知らない。他のところへは行っていない。

ケース２：中国人就学生Ｓさん（女性、一年半前に来日、日本語学習歴一年三カ月）

「大学進学への夢」

私は、できたら国立大学に入りたいです。大学の学費は全部自分で働いてつくるつもりです。もう、いやなんです、親がおじやおばからお金を借りるのは。それだけはいやです。今、アルバイトと勉強とで毎日大変ですけど、目標ができたので何とか一生懸命がんばっていい大学に行きたいです。だから、苦しくてもアルバイトを少しへらして勉強の時間をふやすつもりです。今まで働いていたので、少し貯金もできましたから。だいじょうぶです。がんばります。

ケース３：中国人就学生Ｋさん（女性、二年前に来日、日本語学習歴二年、大学一校合格）

「日本人と日本文化」

私は日本に来たばかりのとき、日本の部屋が中国と比べて小さいのにとても驚いた。日本の環境はきれいです。ごみを分けることができました。ひとりで住んで、ごみも全部分別しています。日本人は環境意識がある。自分の周りの環境は自分で守る。

交通も便利。でも、よく交通事故が起きる。私は自転車をゆっくりと走らせるので、けがをしたことはありません。

日本で一番いいと思ったことは、日本人のマナーがすごくいいことです。いつも謙虚な態度に尊敬します。よかった。日本人のあいさつは、とてもあたたかいと感じました。

身元保証人には、いとこがなってくれました。日本にいます。最初は日本の生活にまったく慣れませんでした。特に日本の料理。生ものが多いから食べられませんでした。「日本の料理は栄養がある」と言われました。日本の料理で、たこの刺身は食べれるようになりました。てんぷらは最初から食べました。

私がいつも利用する店はスーパーです。だから、高いものを買って後悔することはありません。日本は物価が高いです。日本の着物は高いと思います。私が見た着物は、六万か七万円しました。着物は面倒なので、私は着たいとは思いません。

ケース4：中国人就学生Bさん（男性、二年前に来日、日本語学習歴二年、専門学校一校合格）

「兄弟二人での日本の暮らし」

一九八五年に生まれました。漢字で住所はきれいに書けますが、日本人との会話は苦手です。声がでません。恥ずかしがり屋です。兄も日本に来ています。二年以上、日本語を勉強していますが、あまり上手ではありません。日本語学校から自転車で十分くらいのところに、兄と一緒にアパートを借りて住んでいます。家賃は七万五千円です。私がガス・電気・水道代を払って、残りは兄が全部払っています。水道代は安いですよ。二カ月に一回、二千円から三千円くらい払うだけです。二人兄弟です。

中国で、父は会社員、母はデパートに勤めています。二人とも五十代です。友人も日本語学校でできました。アルバイト先にも友人がいます。中国人の友人ばかりです。今、アルバイトは港の方へ行っています。荷物を運ぶ仕事です。

専門学校に合格しました。専門学校の面接はとても簡単でした。合格したのはうれしいですが、学費がかかるので、ずっとアルバイトをしなければなりません。入学金は三十五万円です。授業料は大学とほとんど同じです。一カ月にかかる生活費はなんとか大丈夫です。専門学校を卒業したら、将来は中国へ帰って会社に勤めたいと思っています。早く中国へ帰りたいです。

ケース5：中国人就学生Jさん（男性、二年前に来日、日本語学習歴二年、大学一校合格）

「日本語学校の授業」

私は、日本語学校の文法の授業のことでお話しします。今の文法の授業はうまくいっていると思います。先生がテキストを読んでいるとき、聞きながら少し理解します。そのあと、先生が意味や用法を説明してくれます。下に例文があるので、先生は学生を指名して読ませます。そのあと、先生がもう一度読んで説明します。詳しく二回説明してくれるので、よくわかりました。テキストが終わったら、練習問題をします。さきに私たちは練習問題を解きます。そのあとで、私は先生と討論をするんです。これはいいですよ。私は思考力や聞く力をつけることができるので、とてもいいと思います。

ケース6：中国人就学生Zさん（女性、一年半前に来日、日本語学習歴一年六カ月）

「中国の両親」

日本に来て、アパートでひとり料理を作って、皿を洗って、後片付けして……自分で何でもやるのは、初めての経験です。

どこの観光地も行っていないです。花火も見たいし、花見にも行きたいです。一日中アルバイトと勉強とで忙しいです。

日本は地下鉄が発達していて、日本の生活は楽だと思いました。日本へ来て驚いたのは、日本人の口から中国のことを聞くと、中国のイメージが固定化していることです。中国のイメージはいつも悪いですね。それと、すぐ日本人は私がアルバイトしていると、「あっ、中国人」と言います。「何でいちいち中国人と言うの？」これが一番いやです。

私が九歳まで住んでいた黒龍江省は、冬には学校へ行けません。親も農業ができません。寒くて顔が痛くなります。ちくちくするくらい痛いです。それから後は都会に住みましたから、もうそんなことはありません。

中国の家から日本に出発する日、お母さんは「健康に気をつけて」、「いつでも帰ってきていいよ」と言いました。もう一年半会っていません。一度も中国へ帰っていません。母が日本で日本語を勉強するように勧めたんです。中国東北部では、日本語は人気です。母の友人の子どもも日本に留学しました。私は日本語を勉強して、大連で就職したいです。

中国の高校で、第二外国語として日本語を勉強しました。中学では、朝七時から八時まで自習、八時から夕方五時まで授業、五時から六時までが休憩で、また六時から九時か十時まで自習です。日本と比べて中国のほうがずっと厳しいです。家でも宿題をしていました。塾も行っていました。

中国のお父さんとお母さんは、私に「大学へ行ってほしい」、「一つトップになることを見つけてほしい」と言いました。中国にいる友人は、日本で学んでいる私をうらやましいと思っています。将来、結婚するなら性格がよくて、能力が高い人、やさしい人がいいです。中国人がいい。細かい人はいやですね。私が通っている日本語学校は、奨学金がもらえて、一カ月五万円もらっている人もいます。去年と今年でふたり決まりました。

中国も発展してきましたが、もっとよい国を求めて、お金のため、よその国で一生懸命働いて、それから中国に戻るという考え方です。日本と中国は仕事や会社のつながりがあるので、日本での留学経験があると、中国でいい仕事につけ、いい生活ができると思います。借りたお金も返せます。

ケース7：中国人就学生Yさん（女性、二年前に来日、日本語学習歴二年）

「将来」

今はまったく自分の自由な時間がありません。毎日、勉強とアルバイトで忙しいです。洋服やバッグなど買い物したくても時間がありません。

日本に来て思ったことは、とても交通が便利なことです。地下鉄も発達しています。あとは、コンビニが多くて二十四時間営業なのでとても便利です。アルバイトの帰りに食品など買えます。私の兄も日本で留学生活をしています。兄の影響で日本の文化が好きになりました。たとえば、アニメとかテレビドラマとかです。インターネットでよく見ていました。私はアニメの絵をかくのが上手だからアニメの仕事か、おしゃれな会社に就職したいです。日本に比べて中国での教育のほうがずっときびしかったです。朝早くから夜遅くまで勉強していました。私はできたら大学院へ行きたいです。

卒業したら、人気の職業、たとえばデザインの会社とか広告のコマーシャルをつくる会社、食器やテーブルのデザインをする会社がいいですね。中国の友人は、私に「日本に留学できていいね」と言っています。

注

(1)財団法人日本語教育振興協会では、全国約三九五校の日本語教育機関をブロックに分け、各ブロックから評議員を選出し、協議会、研修会などの活動を行なっている。全国レベルの会議が「全国日本語学校代表者会議」である。
(2)日本語教育機関による就学生・留学生の受け入れに関するガイドライン(二〇〇三年六月十一日、日本語教育振興協会維持会員協議会制定)参照。
(3)日本語教育振興協会を通して財団法人日本学生支援機構から「私費外国人留学生奨励費」として、ある一定の人数だけ給付される。給付対象は、所属する日本語教育機関(大学、大学院、専門学校等、また、大学に入学するための準備教育を行なう課程を設置する日本語学校等)の推薦を受けた学生。給付金額は月額四万八〇〇〇円。日本語学校では、経済的支援を必要とする日本語学校生のための奨学金としてとらえられている。

第Ⅱ部 中国帰国子女教育の草創期

第Ⅱ部では、長野県下伊那郡泰阜村の小中学校（泰阜南小学校・南中学校）(1)で実践された中国帰国子女教育を地域支援や言語教育の視点から検討したい。

地域住民による生活支援・言語支援を受けることができた中国帰国子女のケースを詳細に見てみよう。

1　中国帰国子女をとりまく言語状況

中国帰国子女家族の中で中国残留婦人と呼ばれる母親・祖父母世代は、一九四五年の終戦時十三歳以上だったため日本語が多少失われてはいるものの、ほとんど保持されている。しかし、終戦時に乳幼児であった中国残留孤児（〇歳から十二歳）は、日本語を保持しておらず、中国語しか話せないことが多い。こうした背景をもとに日本各地で定着した中国帰国者の家庭では、家族全員が話をするときは、家族共通に習得している中国語に依存することになる。中国帰国子女が渡日後、日本の小中学校に編入学すると、日本語指導の特別な授業が行なわれ、日本語習得へとつながっていく。

しかし、学校の日本語環境下にある子女と違い、子女の家族は日本語を学ぶ機会がなく、日本語が上達した子女との親子間コミュニケーションギャップを覚えることも多い。中には先に日本語を話せるようになった子どもが親のために通訳として活躍しているケースも見られる。そのため、高齢の親・祖父母は、滞日歴が長くなるにつれて日本語を学ぶ意欲が消失し、一生涯日本語を話さず、中国語の生活を送る人たちも少なくない。

中国帰国子女家庭のうち、母親が中国残留婦人で父親が中国人である両親の子どもたち（中学生）は、帰国後

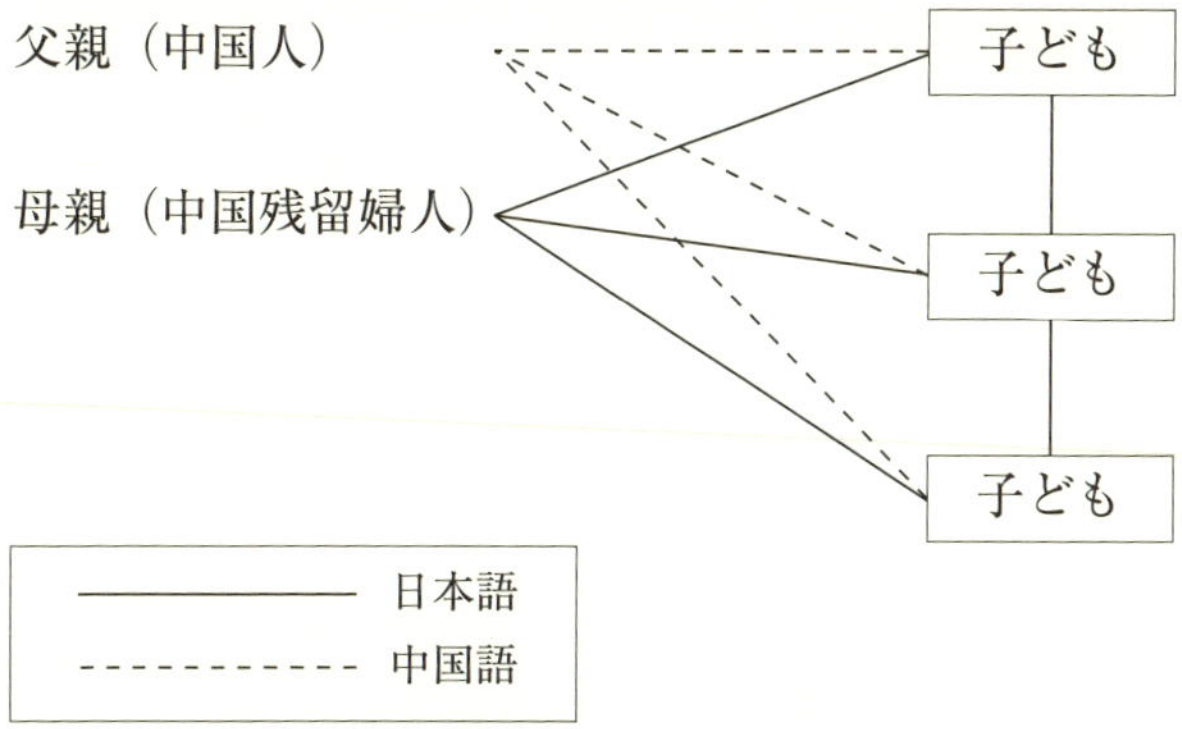

図１　家庭における二言語状況（筆者作成）

一年が経過すると、母子間では「日本語」を使用し、父子間では「中国語」、きょうだい間では「日本語」を使用していることが多い［泰阜南中学校、一九八四、九］。中国帰国子女の家庭では、このように中国語と日本語の二言語状況が長期間にわたって続く。親より子どもたちのほうが先に日本語を覚えるからである。

中国帰国子女の親・祖父母は中国残留孤児や中国残留婦人等と呼ばれ、中国に留まらざるをえなかった「日本人」である。しかし中国で生まれ中国で育った子どもたちは、一般に「中国人」と認識されていた。中国残留婦人にとっての日本は「祖国」であるが、終戦時に十三歳未満であった残留孤児にとっての日本は、「異国」と同じであり適応が難しい。

残留婦人・残留孤児の子どもや孫たちの帰国動機は、「家族が日本へ帰るから」であり、家族に連れられての渡日がほとんどである。したがって、中国帰国子女は、親・祖父母の日本帰国に伴う中国からの「移民」と位置づけられる。

子どもたちの母語は中国語であり、渡日してから初めて日本語を学ぶことが多い。国籍も、「中国籍」のままの子ども、「日本国籍」を取得する子どもに分かれる。したがって家族の中に、中国と日本双方の国籍が混在しているケースは珍しくない。

二〇〇三年七月に長野県の飯伊中国帰国者連絡会と飯田日中友好協会が実施した「中国帰国者実情調査結果」によると、飯田・下伊那地方では、中国残留孤児・残留婦人の配偶者のほとんどが中国籍のままで日本の国籍は取得していない（飯田日中友好協会 二〇〇三年「中国帰国者実情調査結果」）。中国籍のままであれば、日本から容易に中国の親族のもとへ帰れる。中国帰国者が中国籍のままにしているのは、日本と中国の二国間を往来したいからである。

子育て中の若い世代の帰国者は、中国籍であることを子育てのために積極的に生かしている。たとえば子どもに「小学校」は日本の教育、「中学校」は中国の教育、「高校」は再び日本の教育を受けさせるために国境を越えて移動している母親も見られる。

一九七〇年代に公立小中学校で行なわれた日本語教育

一九七二年九月二十九日の日中国交正常化が契機となって、中国残留孤児、残留婦人の帰国が本格化した。帰国後にかれらが最も困ったのは「ことば」の問題である。とりわけ子どものことばと学校教育を真っ先に心配した。

しかし、この時代に国や県レベルの日本語教育の政策は何もなく、試行錯誤の場当たり的な地域支援が始まったのである。泰阜村内に中国帰国子女を教えるノウハウをもつ人もいなければ、中国帰国子女用の日本語テキストもなかった。国が中国帰国子女教育研究協力校の指定を行なうなどして本格的に中国帰国子女の教育に取り組み始めたのは、一九七六年のことである。

泰阜村の中国帰国子女教育（子女への日本語教育を中核とした教育）は当初、識字教育としてスタートせざるを得なかった。なぜなら、ほとんどの子女が親に連れられての突然の渡日のため、日本語や日本文化などの事前教育を受けていなかったからである。中国東北部の農村で暮らしていた親たちは子どもに対する教育に力を注げる環境にはなかったといえる。

村の中国帰国子女教育の草創期は、村役場と学校（村立小中学校）と村民が異文化をもつ子どもを前に手探り状態で日本語を教えていた。村役場職員も学校の教師も、これまでの村の生活の中では経験したことのない日本語教育を開始することになった。

中国帰国子女の日本語教育を担当する講師を中心に、村役場職員や教育関係者が共有すべき基本方針を定めた。日本語教育を「中国帰国子女が日本で生きていく力を育てる」ために行なうことを主眼とした。

泰阜村の地域特性

泰阜村は長野県南端の山村で、東西一〇・八キロメートル、南北一六・〇キロメートルに広がり面積は六四・五四平方キロメートルである。下伊那郡の南東、天竜川の東側に位置し、十九の集落からなる七三三世帯、一九〇八人（二〇〇九年四月一日現在）の過疎村である。一九三八年、泰阜村と泰阜村議会は、満洲移民という国の政策に呼応して、満洲の地に分村を建設することを決定した。

一九三九年、本隊が満洲国三江省（現在の黒龍江省）樺川県大八浪地区に入植した。その名を「泰阜《やすおか》分村《ぶんそん》大八《ターパ》浪《ラン》開拓団《かいたくだん》」という。次々と泰阜村から開拓民として満洲に渡り、最終的には二七七戸、一一七四人の入植となった。泰阜村の人たちは満洲の広大な農地に夢を託した。しかし、実際は関東軍の戦略基地として国防の任を担うことになっていたのである。満洲泰阜分村大八浪開拓団は、まさにソ連との国境近くに位置していた。

多数の日本人が収容された黒龍江省
「伊漢通収容所」跡（筆者撮影）

中国黒龍江省大八浪郷農業風景
（泰阜村 中島多鶴さん提供）

終戦直前の一九四五年八月九日、ソ連軍の侵攻により、開拓団員家族は「死の逃避行」を始めた。「根こそぎ動員」で男性は徴兵され、開拓団には老人と婦女子しか残っていなかった。逃避行中に多数の死者が出た。生き残った人も飢餓や厳しい寒さ、伝染病の蔓延に苦しんだ。

生き残っても日本に帰国することがかなわず、生活のために中国人家庭に入り何十年もの長い間、現地に留まらざるをえなかった。かれらは「中国残留日本人」と呼ばれた。

戦後六十数年が経過し、中国帰国者の高齢化が顕著であるが、泰阜村の集落を一軒ずつ訪ね歩けば、必ず「旧満洲」と関係のある人たちと出会うといわれる。たとえば、終戦一年後の一九四六年に旧満洲から引揚げてきた人たちや「昭和二十八年組」[2]と泰阜村民が語る一九五三年の引揚者、その十九年後の日中国交正常化（一九七二年）以降の帰国者などである。

最初の中国帰国者家族

日中国交正常化を間近に控えた一九七二年七月二十四日、泰阜村に中国帰国者一家八人が到着した。三十代の中国残留孤児が中国人妻と六人の子どもを連れ、泰阜村に永住帰国したのであった。満蒙開拓団として幼少の頃に村を離れてから実に三十三年ぶり〔高田、一九七七、六二〕の帰国であった。一家が暮らしていた中国黒龍江省ハルビン市延寿県人民政府が「少しでも早く帰りたいだろう。早く日本に帰りなさい」と熱心に勧めてくれたおかげで、日中国交正常化前の帰国がかなったのだという。

次に引用する文は、一九七七年二月に行なわれた泰阜南中学校（現・泰阜中学校）の研究成果発表会のためにまとめられた「当校における中国帰国子女教育」と題する報告書から、高田誠〔一九七七〕が最初の帰国者一家の様子を書いたものである。当時の貴重な記録としてここに紹介したい。

昭和四十七年七月

第一陣のT家が帰国。伊那谷の小さな駅に村中総出で出迎えた。三十数年前村中で送り出したのだから、皆で迎えるのは当たりまえだと人々は言う。その出迎えの人の多さに、帰り着いたT家の人々が驚いてしまう。（中略）子どもたちにとっては、父祖の地とはいえ、見知らぬ異国である。状況がのみこめず、しばし、脅えたように立ちつくしていた。小室伊作先生は、言うことばもなく、ただ、黙って、子どもたちの手をしっかりと握ってやった。そのときの子どもたちの救われたような目を忘れることができないと先生は言う。子どもたちは、先生のあとをついて回って離れない。親に、とにかくあしたから学校に連れてくるように言う。（中略）生活習慣がまったく違い、子どもたちも先生方もとまどうことが多かった。まず、学校に慣れさせることから始め、学校の中を見せて回ったり、学校生活の習慣などを、はき物には下ばきと上ばきの区別があるといったことから教えていった。手を洗うことを教えると、水道というものを知らず、水の止め方も同時に教えなければならない子もいる。

食生活の違いにもとまどうことが多い。給食を与えても、煮物の味を受けつけない子、牛乳を飲んだこ

表１　満洲移民の始まり［（泰阜村誌、1984：898 頁）をもとに筆者作成］

1937 年	満洲移民の第１号渡満す。村の少年移民渡満す
1938 年	分村移民の先遣隊渡満す
1939 年	満洲泰阜分村大八浪開拓団入植式を挙ぐ満洲泰阜分村本隊の渡満始まる

泰阜村への最初の帰国者（泰阜中学校資料）

とのない子に苦労をした。においをかいだだけで飲めない子どもも、皆と同じに給食が食べたいので、「牛乳を飲むから給食を下さい」と中国語で言い、二日目にやっと一回飲んで、「飲んだ、飲んだ」と大騒ぎをする純真な子どもたちである。

　はじめは、絵などを見せながら、「これは何ですか」を中国語で問い、中国語で答えさせ、そのあと、日本語でくり返すことをやった。そうして、日本語の単語、五十音を入れていった。カード取りやかるた取りなどをして、文字と単語、数字などを増やしていった。あいさつなどを教えるために、午後になると学校付近を連れて歩いて、村人たちに、「こんにちは」のあいさつをさせたりもした。歩きながら、目に入るものすべてが珍しいらしく、中国にはあるとかないとか論じあいながら、「日本語では何と言うか」と聞くようになった。四カ月位になると、短い日本語文が話せるようになる。教科書による学習を始め、漢字の読みを入れていく。はじめは特殊《ママ》学級用の教科書を用いた。聞くことはしだいにできるようになったが、日本語で返事がなかなかできない。中国語混じりでもよいから、とにかく、ことばが口をついて出るようにさせる。［出典：高田（一九七七）六二―六三、文中「ママ」とあるのは、著者高田が使用したことばのままに引用したという意味。現在では「特殊学級」ということばは使用しないことが多い］

表2から明らかなように、六人の子どもを連れて渡日した家族もいるため、年齢差のある子どもに対して、小中学校の中で早急に日本語指導を行なう必要性が生じた。

小学校が日本語教育をスタートして十年後の一九八二（昭和五十七）年には、男女合わせて十四人の帰国子女が学び、全校生徒（五十三人）に占める帰国子女の割合は日本一となった［泰阜南中学校、一九九三、九七］

表2　就学児童生徒をもつ中国帰国者家族
［1981（昭和56）年当時の9家族］

家族人数	家族内の子ども人数		
	小学生	中学生	中学卒業生
A一家　7		2	3
B一家　7		1	3
C一家　8		1	2
D一家　5	1	2	
E一家　8	1	1	4
F一家　4	1	1	1
G一家　2	1		
H一家　6	1	3	
I一家　3		2	
9家族50（人）	5	13	13

表3　中学校生徒数
（出典：泰阜中学校資料）（単位：人）

1年生	20
2年生	25
3年生	18
合計	63

（内訳：男子30、女子33）

二〇〇六年の泰阜中学校（元泰阜北・南中学校）の生徒数は表3のようである。合併により中学校は泰阜中学校一校のみになった。

泰阜村をはじめとする飯田・下伊那地方には、表4にあるように長野県全体の中国帰国者のおよそ三分の一にあたる人数の帰国者が居住している。

表4　長野県における中国帰国者の地域別の居住状況
［出典：飯田日中友好協会ホームページ（平成17年9月30日現在）］

地域	本人		二世・三世世帯		合計	
	世帯	人数	世帯	人数	世帯	人数
飯田・下伊那	72	230	298	1,065	370	1,295
長野県全体	259	689	1,094	3,649	1,353	4,338

2　中国帰国者への言語施策とは？

特別学級

泰阜村に初めて中国帰国子女のための特別学級ができたのは、一九七二年の受け入れ開始の翌年となる一九七三年一月、泰阜南小学校においてである。特別学級では、日本語習得を中心に特別授業を行なう。一方で学校の教師に対して「特別教育研修会」を開催し、日本語教授法の基礎を学ぶ機会を設けた。

当時の中国帰国子女には、母語を話せない乳幼児から母語が確立していない児童、さらに母語が確立した児童生徒までさまざまな言語状況の子どもがいた。中国帰国子女の個々の母語能力の違いや教育歴に応じて普通学級（週に何時間か指導を受ける特別学級に対して、本来所属する学級。在籍学級あるいは母学級とも呼ぶ）と特別学級を併用し、一般児童生徒との交流の機会を増やす工夫をした。特別学級で中国帰国子女に日本語指導を中心とした授業を行ない、普通学級で一般児童生徒とともに教科の指導を行なった。中国帰国子女を個別指導するかたわら、普通学級との連携を密にし、一般児童生徒との交流の機会を多くする方法をとった。

特別学級開設による効果は、個別指導を行なうことにより子女の日本語習得が促進されることである。それは、一九七〇年代の帰国子女数が毎年数名ほどであったため、教師が臨機応変に対応できたからである。大人数で一度に入級することになれば、教師数を増やさない限り、個別指導は不可能であった。

泰阜村における中国帰国子女教育の開始は一九七二年夏、十三歳と十六歳の子女二人が泰阜南小学校に編入学したときである。まず二人を普通学級二年と三年の学級に編入させた。当初二人は日本語能力が皆無のため、四カ月間黙って窓の外ばかり見ていた［小林、一九七七、二三四］。生活習慣が異なり、日本語のわからない子どもと学校教師との出会いは、まさに異文化との出会いである。帰国子女二人を受け入れたものの、当時の村に異文化教育のノウハウをもつ人も中国語のわかる教師もいないため、日々のコミュニケーションにも困惑する日々であったことが当時の教師により報告されている。そのような状況を解消するために、初めての子女受け入れから五カ月後の一九七三年一月に、泰阜南小学校に専任教師を置く特別学級（のちに帰国学級と呼ばれる）を開設したのである。一九七四年から七五年にかけて、さらに四家族が帰国したことにより、十七名の子ども（中国帰国子女）が編入学した［泰阜南小学校、一九八三、三］。このような子どもたちの日本語教育に対して効果を発揮したのは、小中学校の特別学級の連携であった。

中国帰国子女が学んだ教室（筆者撮影）

中国帰国子女の入学を歓迎する会（泰阜中学校資料）

中学校では、ひとりずつの子どもの成長、学習期に合わせた教育方針や指導計画も立てられた。たとえば、一人の生徒をマンツーマンで指導する取り出し(3)教育の「対話」や、生徒が挑戦している原付免許試験を教材にした「単元学習」、手作りの「交通いろはかるた」など多様な授業構成で、読解力や表現力を高める工夫をこらした。担当教師が個々の子女の学習ニーズや学力に合わせて教材を作成した。ＪＳＬ（Japanese as a Second Language 第二言語としての日本語）の児童生徒を別の教室に集め、日本語能力向上を目的とした特別指導を行なう「取り出し指導」の目的は、在籍学級の学習活動に積極的に参加できるようにするためである。

グループ編成

泰阜村への中国帰国子女の入村は、昭和五十一（一九七六）年度から五十三（一九七八）年度の三年間がピークであった。特筆すべきは、泰阜南小学校と南中学校（のちに泰阜中学校と改称）が連携して、帰国子女の日本語習得状況と学力に応じ、六つのグループを編成したことである。

このように、泰阜南小学校と南中学校は帰国子女を年齢ではなく、個性や学力レベル別にグループ分けを行なった。帰国子女には教育環境や学力、能力に個人差があることから特別学級、普通学級、個別指導などを組み合わせ、個々の子どもの実態に即した学習ができるように工夫をこらしたことが見てとれる。各グループ内の中国帰国子女の学力を探りながら、順次編成を替えていくことで、日本語指導と教科指導を効果的に行なえるようにした。

中学校で中国帰国子女が一週間に受けた授業の時間割はおおむね図2のようであった。（特は「特別学級」、体は「体育」、道は「道徳」、○は教科、数字1～6は1限～6限）

なお、当時の文部省（現・文部科学省）の中国帰国子女への教育政策は、中国帰国子女教育研究協力校指定と中国帰国子女教育指導協力者派遣事業実施くらいであった。後者の事業は、中国語を話せる協力者を定期的に学

表５　グループ編成（ＡからＦまでの６グループ）
［（泰阜村誌編集委員会、1984:307-308）および（泰阜南小学校、1977:5）をもとに筆者作成］

Ａグループ （新入校児童）	小学校特別学級 ・学校に慣れることが目標 ・初歩的な日本の生活様式と日常に使用される日本語を指導する方針
Ｂグループ	中学校特別学級 ・青年期の特質をふまえ、日本の生活様式と日常に使用される日本語を指導する方針
Ｃグループ	普通学級に編入 ・日本語は習得したけれども、学力に問題があるため、個人指導をする方針
Ｄグループ	一年生の普通学級に編入 ・日本語は未熟であるが、級友との人間関係をつくる子どもを目指す
Ｅグループ	国語と算数は、小学校の特別学級に編入し、その他の教科は普通学級で学ぶ
Ｆグループ	小・中学校長、教頭および中学教諭による個別指導

図２　時間割（泰阜中学校資料をもとに筆者作成）

時限＼曜日	月	火	水	木	金	土
1	○	特	特	特	○	特
2	特	特	特	○	特	○
3	体	○	体	○	体	○
4	特	○	○	○	○	○
5	特	○	○	○	特	特
6	学	○	道	○	○	○

校へ巡回させ、教師の指導に協力させるものである〔中西、二〇〇一、一二三〕。このように当時の国の教育政策としては、教師への指導事業が中心であった。

中国で教職経験のある教師の配置と母語使用

泰阜南小中学校は、日本語と中国語の両言語が堪能な教師を特別学級の専任とした。これにより、中国帰国子女は安心して学習に励むことができた。特に村で配置された教師は、旧満洲で教職経験があったため、子女の歴史的背景に精通しているとともに、渡日した子どもの心情に対して深い理解があった。したがって日本語指導のみならず、心の支援においても大きく貢献した。

〝樹千丈の高さになるとても、葉落ちてその根に帰す〟という。お父さんから言えば、この大樹のもとに帰ってきたことになるだろう。でも、わたしはどうしても日本へ来たかったというわけではない。……お父さんの一生のこと、妹や弟の将来のこと、そして自分の将来など、何度も何度も考えた結果、日本に来ることを決定した。これは、とても複雑な心の葛藤の末に出てきたことだ。

〔一九八三年に中国帰国子女（中学生）が書いた日記〕

父親が決めた日本帰国に対する心の葛藤を、中国帰国子女（中学生）は日記の中でこのように語っている。この子女は、中国で友人に囲まれ、毎日充実した中学生活を送っていた。それがある日「中国残留孤児」の父親から、家族全員で日本に帰国することを初めて聞かされる。長い心の葛藤の末、父親や妹弟の将来のために渡日を決断したことが綴られている。戦前、国策に乗り日の丸を振って大陸に送り出された満蒙開拓団は、終戦後には「中国残留孤児」や「中国残留婦人」を生み、子どもたちにまで悲劇の爪あとを残した。

親に同伴してきた中国帰国子女のほとんどは、渡日後一年から一年半でノイローゼ症状、登校拒否、心の悩みをもつようになったと当時の中学校教師は話している（二〇〇七年実施の聞き取り調査）。旧満洲で教鞭をとった経験のある特別学級教師が中国語で丁寧に子女の悩みを聞き、相談にのったことで次第に心の問題解消につながったという。中国帰国子女には渡日直後よりも一年から一年半経過した頃に、心の支援が必要となることがわかった。また、その支援には母語による対応が効果的であることを本書の事例は示唆している。日本では、母語での教育に対する補助や母語での学習を支援する仕組みは構築されていない。本書の事例が示唆するように、母語を日本社会で実際に使用するかどうかは別として、母語がアイデンティティやエスニシティとして外国から来た人たちの「心のよりどころ」になっていることを黙視するわけにはいかないのである。

普通学級での学びと人間関係の広がり

中国帰国子女は、ある段階に達すると教師の指示で特別学級から普通学級に入級して、一般児童生徒とともに普通学級の授業を受ける。

普通学級で学ぶことにより、子女の経験は豊かとなり、社会性やコミュニケーション能力が高まるという効果が期待される。

普通学級での一般児童生徒との学習は、特別学級では得られない人間関係の広がりや学習意欲の向上にもつながる。他方で、一般児童生徒の側も帰国子女に対する認識や理解が深まるとともに、思いやりや寛容の精神が育まれるというように、普通学級での交流学習は一般児童生徒・帰国子女双方にとり有意義な教育実践である。さらに普通学級の一般児童生徒が子女の特別学級に入って、子女と同じ授業を受けるようにすれば、真に平等の交流学習といえる。特別学級と普通学級の二学級併用方式による交流を通して、一般児童生徒が子女と「友だちになろう」という仲間意識を育てることができる。

帰国子女が一般児童生徒に自分の境遇を理解してほしいと書いた「わたしと中国」という作文を普通学級で発表したところ、子女の苦しみや悲しみを共有することができたと当時の中学校教師は述べている。それと同時に子女の境遇を一般児童生徒が理解し、思いやりの態度が養われたことも作文を発表したことによる効果であった。勇気を出して自分の生い立ちをクラス全員に発表し、それが教師や一般児童生徒に理解をもって受け入れられたことは、子女にとって大きな自信になった。これ以降、子女も自分の現実に敢然と立ち向かうポジティブな姿勢が育っていったという。このような特別学級と普通学級の交流学習から発展した交換日記、級友の励ましなどは子女の学習意欲の向上に有効であった［泰阜南中学校、一九八九、六］。

それでは中学生の子女が実際に日本語で書いた作文を見てみよう。中国から渡ってきた子どもが日本で何を思い、どのように過ごしていたのか、子どもの気持ちを理解するうえでの助けになる。

作文「わたしと中国」

一九八九年　吉田裕子（仮名）

初めは、ことばが通じなくて、つらい思いをしました。勉強のほうも意味がわからなくて大変でした。

初めは「あ、い、う、え、お」を一生懸命覚えました。……

中国から帰るとき、事情があって母と別れてきました。大変つらいことでした。特に、授業参観の時は、友だちはお母さんやお父さんが来ましたが、わたしの父は、ことばがわからないので来てくれませんでした。心の中でさびしい思いをしました。……

今年（一九八九年）の六月四日のテレビのニュースで、北京では三日から学生と軍隊が衝突して（天安門事件のこと）、大勢の人たちが亡くなったり、負傷したことが放送されました。何でこんなことが起こったのでしょう。中国人が、同じ中国人を殺すようなことがあってはならないことです。事件の最中に、中島のおばさんが、NHKの中国取材に行きました。毎日のニュースを見るたびに、わたしは心配でなりませんでした。一カ月後、おばさんは中国の取材から無事日本に帰ってきました。そして、九月三日に、中島のおばさんたちが取材してきた「NHKスペシャル」を見ました。題は「忘れられた女たち――中国残留婦人の昭和」でした。そこには、方正や大八浪などが映りました。幼少の頃に住んでいた中国が、なつかしく映し出されていました。

でも、悲しい出来事が今でもあることを知りました。わたしは日本に来て幸せな毎日を送っているのに、戦後になってもまだ、日本人なのに帰国できない人たちが多く残っていることです。帰れない人たちは、戦争の犠牲者です。その人たちが一日も早く日本へ帰れることを祈っています。過去に、日本と中国は戦争をしましたが、日本は中国ととなりの国なので、仲良くしていきたいです。……（後略）

このように子女は作文のなかで、自身の境遇と現在の心情を綴っている。

学校は子女に中国での体験を忘れさせるのではなく、積極的にそれを生かす工夫をしている。ただ単に日本語を学習させるだけではなく、子女から一般児童生徒が中国語や中国文化を学ぶ機会をつくった。このことは教師や生徒にとり、日本の文化や教育を改めて考え直す好機となった。子女と一般児童生徒がともに学び合い、成長することこそ学校全体の発展になると考えられたのである。

やがて中国帰国子女は児童会・学級会・クラブ活動などにおいて指導性を発揮したり、運動にも積極的に参加するようになり、少人数学級において次第になくてはならない存在の場を確立していく姿が見られるようになった［泰阜南小学校、一九八三、二五］。帰国子女のなかには全校のリーダーとなって力を発揮する子どもも現れた。たとえば、児童会委員長、修学旅行班長、クラブ長、運動会の組のリーダー、清掃班長等として活躍する姿が見られるようになったのである。そして、「特別学級」という名称は〝普通ではない〟というニュアンスがあることを理由に「帰国学級」という名称に改められた。

ぼくの口は口でない

先述のように、渡日後一年から一年半で、ほとんどの子女が心の悩みをもつようになった。学校生活になじめず、自閉症になる子女、登校拒否、情緒不安定に陥った子女、ノイローゼ症状の子女が続出した。日本語指導そのものよりも、心の悩みを解決することの方がはるかに困難であったことがわかる。

教師の課題は、帰国子女がノイローゼにならない教育方法を考えることであった。帰国子女は、日本語習得に対する焦燥感と抵抗感から情緒不安定になってしまうことが多い。この現象は特に十五歳を超える子女に多く見られる。日本社会の諸制度に反感を覚え、制度に従うことに拒否反応を示す子女も現れた。帰国子女担当の教師によれば高学年の子女ほど日本の制度を批判したがるという。それは、「日本人にばかにされたくない」という自尊心の表れでもある。自分がもっている価値観、人生観、自己世界というものを否定され軽蔑されたと思い悩み、反抗的な言動にでてしまう子女もいた。

これまで子女を指導してきた教師は「学校の中で日本語を問題なく話せるようになるまでには、最低でも二年間は必要であり、また情緒が安定するまで長期的展望で辛抱強く見守ることが大切である」と、あせらず長い目で見守ることの重要さを述べている。

また日本語で自分の気持ちを表現できない悲しみを「ぼくの口は、口でない」となげく生徒も現れた。このような苦しみに寄り添いながらも、どうしたら解決できるのか教師はなすすべがなく途方にくれることもあったようである。私がインタビューした日本語教師は、当時小学生であった男子の中国帰国子女から「ぼくは、まるで机と椅子のような存在だ」と聞かされた。クラス中の誰一人話しかけてはくれないとなげく子どもがすぐ目の前にいた。学校で一言も話すことなく、一日が過ぎていくのだ。その児童は「自分は教室にただ、じっと置かれただけの机や椅子と何ら変わりがない」というのである。これを聞いた日本語教師はこの男子が哀れでたまらなくなり、いつまでも涙が止まらなかったと語っている。

中国帰国子女教育研究報告書と
中国帰国子女が学んだ校舎（筆者撮影）

新しい共同体

特別学級の帰国子女は日本語がわからないことから、日本社会への適応の難しさはあるが、何もできない無力な子どもたちではない。一般児童生徒に活力を与えることのできる大きな力を秘めている。日本と中国双方の文化と言語を身につけることによって、未来を切り開く可能性をもつ有能な人材である。教える側の教師と教えられることを受容しなければならない日本語学習者という図式が固定化されると、日本人教師は外国人に同化圧力を与えてしまうだけの存在になる危険性がある。泰阜村立小中学校の教師は、この点に留意し、中国帰国子女に同化圧力を加えることのないように配慮した。日本文化への同化圧力を「中国剥がし」ととらえた。

さらに中国帰国子女に対して一般児童生徒が日本文化への同化圧力を与えず、中国文化を尊重するような指導を試みた。また中国で培った貴重な文化を学校教育の中で生かすように交流学習を実践した。一般児童生徒と中国帰国子女との交流学習は、日本の子どもたちを、帰国子女の気持ちを理解できる子どもに育てる好機となった。

こうして中国帰国者を受け入れたことで、村は新しい共同体へと生まれ変わった。中国帰国子女が多様な人間関係を体験できたことは、かれらに日本での暮らしを生き抜く自信と意欲をもたらした。その支えとなったのが、学校でともに学ぶ一般児童生徒である。また一方で一般児童生徒の人間形成に大きく貢献したのが中国帰国子女の存在であった。

泰阜南小学校が帰国子女教育を開始してから三年間の受け入れ数と年齢、学級を表6に示した。

表からも明らかなように六歳から十八歳まで、実に十二歳におよぶ年齢差のある帰国子女の教育が、小学校の同じ学級で行なわれたのである。子女のなかには他の児童より年齢が高いことから、羞恥心や劣等感に似たコン

表6　泰阜南小学校における引揚者児童生徒の受け入れ（昭和47年7月－昭和50年8月）
［泰阜南小学校『当校における中国帰国子女教育昭和51年度』4－5頁をもとに筆者作成］

受け入れ年月と年齢	人数（人）	学級
①昭和47年7月 16歳、13歳	2	普通学級に編入
②昭和48年4月 7歳	1	特別学級に入級
③昭和49年4月 6歳	1	特別学級に入級
12月 16歳、12歳、8歳	3	特別学級に入級
④昭和50年4月 16歳、14歳、7歳等	4	特別学級に入級
8月 8歳、15歳、12歳、10歳、9歳、8歳	6	特別学級に入級

プレックスをもちはじめる子どもがおり、新たな問題点が発見された［泰阜南小学校、一九八三、一四］。年齢の高い児童は、年齢差を気にする傾向が見られた［前掲書、二九］という。

国が中国帰国子女教育に取り組み始めた一九七六年当初は「引揚者子女教育」と呼ばれ、研究協力校に二小学校、三中学校が指定されていた［中西、二〇〇一、一二〇］。一九九八年度の文部省の「学校基本調査」では、全国の中国帰国生徒数合計四六八名のうち、一学年下に編入した生徒は三三六名［中西、二〇〇一、一二二］で、全体の七二％を占める。このように大部分の中国帰国子女が一学年下げて編入している。一歳でも学齢より低い学年で学習させることは、精神的にも身体的にも悪影響を与え、友人関係構築においてもマイナスである［中西、二〇〇一、一二九］ことが指摘されている。

最近では、日本生まれの子ども（三世・四世）が多く、編入学時の学年をめぐる問題は注目されなくなってきているが、中国帰国子女に限らず、広く外国籍および外国にルーツをもつ児童生徒全体についてみれば、「編入学

泰皐南小学校特別教室でひらがなを学習する中国帰国子女（泰皐南中学校資料）

年」の問題は取り上げなくてはならない大切な問題である。泰皐村立小中学校では、学級内での年齢差を気にする子女もいたために学級再編成が行なわれている。

また、マンツーマン方式と呼ばれる指導には、見本型（ペアの一方が見本で、相手がそれに倣う関係）と指導型（先生と生徒の個人指導）の二つのタイプがある［文化庁、一九九七、五九］。マンツーマン方式で日本語を教える日本語教室の教員に聞き取りを行なった文化庁文化部国語課［一九九七］は、マンツーマン方式の良い点として個々人への対応が可能であり、日本語学習だけではない話題が取り上げられること、教室外でも関係が継続できることを挙げている。反面、困った点としては指導が恣意的になること、人間関係が学習に直結することなどを挙げている。

マンツーマン方式にあたっては、楽しい学習時間を共有できるように良好な人間関係を築く努力が教師にも生徒にも必要である。

餃子作りを通して

中学校の家庭科で「帰国子女に学ぶ餃子作り」という単元も設定された。餃子は中国の代表的な料理であり、特に子女の出身地である中国東北部では祝行事や来客時のもてなしのためになくてはならない食べ物である。新年にはそれぞれの家庭の餃子を楽しむという。

ある日、餃子を食べたくなった普通学級の生徒（中学二年）が帰国子女に教えてもらいたいと、「餃子作り」の授業を提案した。その中学生が帰国子女に送った手紙の文面を紹介しよう。

わたしたちは、みなさんともっと仲良くなりたいし、みなさんが中国でどんなふうにしていたかも知りたいと思っています。そして家庭科の時に、みんなで話し合って、「みなさんが作って食べていたぎょうざの作り方を教えてもらえたらいいな」ということになりました。

わたしは、ぎょうざを自分の家で作って食べたことがありません。一度、自分の家で作ってみたいと思います。でも作り方がわからないから作れません。だから、いろいろなお話をしながらみなさんのことを知ったり、わたしたちのことを知ってもらえたらいいな……。

そしたら、わたしたちはぎょうざの作り方を教えてもらえるし、みなさんともすごーく仲良くなれると思うの。だから、こんなにすてきな願いごとが本当にできればすごくうれしいのです。

どうか、いっしょにわたしたちに教えてください。そしてもっともっと仲良くなりましょう。お返事を楽しみに待ってます。

この手紙を特別学級教師が中国語で子女に読んで聞かせたところ、「ぜひ一緒に餃子作りをしたい」と子女は意欲的な態度を見せたという。その後、教師の助けを得ながら日本語と中国語の交じった返事を普通学級生徒に送った。

このように餃子作りを授業に取り入れたことで、「粉をねる」、「皮をのばす」などのことばが身についた。また餃子の材料を準備する学習過程を通して、野菜や調理道具の名前を覚えることができた。材料の下準備では、帰国子女はこのときとばかりに慣れた手つきで野菜を細かく細かく刻み続けた。中国の生活で日常的に行なっていた調理の腕前を、日本の学校教師や生徒の前で披露することができたことは大きな自信につながっていった。「餃子作り」を通して子女と普通学級生徒との交流も以前に比べて深まった。同じ中学生として互いに楽しく会話しながら餃子を作ることで心が通い合うのを感じたそうだ。帰国子女のひとりは、そのときの気持ちを次のように日記に書いている。

わたしと二年生の女子のみなさん、一緒に餃子を作った。とても楽しかったでした。……作り方があまり上手じゃないけれども、二年生が質問してくれたことが、日本語の勉強になりました。

さらに「餃子作り」は生徒の交換日記にまで発展していった。二年生の女子生徒からの申し出により帰国子女との交換日記が始まった。そのときのうれしさを帰国子女は次のように書いている。

わたしに日記を交換しようと言ってくれたのは、わたしたちの間のこれからの友情と、わたしの日本語学習に対する援助のためにと考えてのことだと思います。わたしは今までまったく知らない生徒から、こんな温かい援助を受けようとは思ってもみませんでした。なんと感謝して良いかわかりません。……このことで、わたしとても日本語学習の励みになりました。〔泰皐南中学校、一九八四、九七〕

泰皐南中学校が「学校経営研究賞」を受賞した帰国子女教育の実践例から、当時十六歳で帰国した中国帰国子女（男子生徒）の事例および「ことばが真に生きたことば」になった子女の事例をつづけて紹介しよう。日本語習得のためのヒントを与えてくれると思うからだ。
実（仮名）は、中国では理科の学習経験がなかった。渡日後六カ月して普通学級において一般児童生徒とともに理科の学習をすることになった。日本語能力があまり向上していない段階での新しい科目の学習は実にとって負担であった。普通学級入級の頃に書いた日記には実の理科の学習の様子がよく表れている。

ぼくは学校の周りにいる生物を観察しました。ぼくは生物を見ても、どんな生物かわからない。ぼくは見つけたら、ぼくの周りの生徒に聞きました。それで、ぼくはどんな生物か覚えました。

この日記からは理科の学習のために必死で生物の名前を覚えようと奮闘する実の姿が浮かんでくる。普通学級で「理科」という新しい科目に挑戦しながら生物の名前を覚えようとする実を励まし勇気づけ支えたのは、同じクラスの生徒だった。普通学級に入級してやがて半年が経った。半年後の日記を読むと明らかに変化が見られる。次に紹介しよう。

ぼくは、宿題をやるときにわかりにくい問題があったら、やる気がなくなってあまりできない。ゆういちくんがいいことを教えてくれて、がんばる気がでた。ゆういちくん、ありがとう。

このように実は友だちに支えられ、感謝しながら学習に励むようになった。日本語がわからない中、理科の学習にがんばり、次第に成績もよくなってきた。帰国後まもない子どもにとって、普通学級での学習は大きな負担であったに違いない。しかし教師たちはこの困難な壁をなんとか乗り越えてくれるよう願いながら、普通学級での学習に立ち向かっていくことを勧めたのだった。それは教科の学習を日本語習得につなげていくことが可能ではないかと考えたからだった。さらに、ひとりでも多くの友人と出会い、交流を深めることで、普通学級の一員としての自覚と喜びを味わわせてやりたいと思ったからであった。

ことばが真に「生きたことば」になるとき

中国帰国子女三人が中学校に編入学し二年近くが経ったある日のこと、日本語を教える教師は日本語音読の教材として、「大陸の花嫁」という小説（満蒙開拓団員と結婚するために渡満した女性を描いた）を使用することを思いついた。「大陸の花嫁」は、帰国して二年にもならない三人にとっては、日本語の表現が理解できないのではないかと教師は心配しながら使ってみた。

しかし「大陸の花嫁」を読めば読むほど、帰国子女とつながる部分が多く、帰国子女自身の体験を通して考えることができる教材ではないかと、教師は思うようになった。また「大陸の花嫁」のように、帰国子女にとって、あえて読むのが難しい教材（レベルの高い日本語表現）に挑戦させることも必要ではないかと考えた。

三人は、学習を始めた当初、「難しい」とか「わからない漢字がいっぱいある」とか「先生、ぜんぜん読めん」などと騒ぎ、この教材に意欲的に取り組もうとはしなかった。ところが、読み進むにつれて、しだいに自分たちから学習しようとする姿勢を強め、最後は聞いている者の心情を揺さぶるような音読ができるようになった。

それは、「大陸の花嫁」の登場人物の中に、自分たちの父親、母親、そして自分たち自身が投影されていたからである。三人の中のひとり、愛子（仮名）にとっては、特にこの「大陸の花嫁」の内容は衝撃的であった。学習終了後、愛子はこの教材を家に持って帰り母親に読ませた。母親はそれを読んだとたんに、愛子の目の前で泣き崩れたという。愛子はその瞬間、母親の中に「大陸の花嫁」の登場人物を見たのではなかったかと当時の教師は述べている。

たしかに「大陸の花嫁」は日本語表現の面では難しい教材である。「後ろ髪をひかれた」とか「肩身のせまいおもいをする」など、日本語特有の微妙なニュアンスをもつ表現を理解するのは大変である。しかし、「大陸の花嫁」を読み進むにつれて三人が学習に意欲を見せるようになったのも、三人の体験や心情に直接響くものがあったからであろう。ことばが一人ひとりの人間の体験や心情に響いたとき、その瞬間に「生きたことば」になる。教師はこのとき、そう実感したという。

校外活動

泰阜南中学校は中国帰国子女のための校外活動を活発に展開した。

校外活動による他校との交流学習は大きな成果をあげることができた。両校の帰国子女が教室に入るなり、中国語による談笑が始まり、数時間続いた。時の経つのも忘れ、子女は互いに話し続けたため、他の中学校の教師は「帰国して以来、今日初めて帰国子女が笑った」と喜んだ。また泰阜南中学校教師は「中国帰国子女が渡日と同時に中国語での会話を失い、中国の友人を失った辛く悲しい現実を、このときほど感じたことはなかった」と述べている。

両校の交流は、子女のノイローゼ症状を解消し、かれらに希望をもたせ、勇気を思い起こさせる機会を提供した点で意義を見出せる。泰阜南中学校が取り組んだ校外活動による他校との交流は、現在および将来の外国人への支援と学校教育・言語教育に大きな示唆を与える事例である。たとえば、外国人就・留学生に対してメンタル

表7　中国帰国子女のための校外活動［1975（昭和50）—78（53）年］
（泰阜中学校資料をもとに筆者作成）

日付	活動
50.1	他の小学校に編入学した（48年8月）子女との交流
50.9	他の中学校の教師、教育長、役場職員、生徒、保護者との交流
51.5	職業訓練校見学、企業訪問
51.6	他の中学校の生徒と先生との交流
51.7	他の中学校を訪問、企業訪問
51.9	校外実習生として工場での実習
52.8	他の中学校生徒と泰阜南中学校卒業生・在校生との交流
52.9	職場見学
52.12	卒業生の働く工場見学
53.1	卒業生と在校生の合同新年会

サポートの必要性が生じたとき、本事例にあるような校外活動を取り入れたい。また同国人ネットワーク内の交流をセッティングし、言語の不自由さがない環境で就・留学生が思い切り話すことができる場の構築を試みることも効果的と考えられる。

中国帰国子女の進路選択

中学校を卒業後、中国帰国子女は進学する者と就職する者に分かれる。就職して社会に出ると、日本語の不自由な面からくる疎外感や意思疎通の不十分さによる人間関係の困難を覚える者も出てくる。

また、進学しようとする子女が高校入試に必要な学力を身につけるには、帰国後一年や二年の段階では困難なことが多い。教師は学力と各家庭の事情を考慮し、全日制の高校、定時制高校、就職の三つの選択肢について子女に詳しく説明した。また職場環境がよくわかるように企業等の社会見学を取り入れた。日本の高校の実情を教え、企業や工場で働く人たちの姿を見せたり、技術を学びたいという希望があれば、技術専門学校を見学させたりもした。

表8　中学校卒業後の帰国子女の進路（昭和51年3月～58年3月までの17名）
（泰阜中学校資料をもとに筆者作成）

男子	女子
［就職］	［就職］
自動車整備士	美容師（神奈川県）
自動車サービス従業員	看護婦（飯田市）
自動車部品製作所勤務（安城市）	紡績工場勤務5名
ブレーキ製造会社（安城市）	ブレーキ製造会社（安城・豊橋市）
太陽電子（飯田市）	茶園（天竜市）
［進学］	［進学］
高校普通科進学（2名） 技術専門学校（飯田市）へ進学	進学はなし
計8名	計9名

こうした日本社会の教育環境・職場環境を子女に理解させることによって、将来の進路を決める一助とした。このことから中国帰国子女や外国人就・留学生の進路選択には、学校内だけではなく企業や専門学校など学外関係機関との連携が役立つことがわかった。

泰阜村では、役場職員・学校教師・村民などを担い手とする村ぐるみの日本語学習支援が行なわれ、中国帰国子女全員の進学・就職の希望がかなった。

泰阜村内に企業がないため、子女は全員村外に職を求めて転出した。長野県飯田市の企業、愛知県内の自動車部品製造会社をは

中国帰国子女の働く職場
（泰阜中学校資料）

じめ美容師・看護師等技術職志望者は飯田市や遠く関東圏まで転出している。進学したのは十七名のうち、わずか三名（長野県内）であった。学校教師と親と子女の三者が相談し、家庭の事情と日本語能力、学力により中国帰国子女の進路は決められた。

3　中国帰国子女への日本語指導実践例

カレーライスと言語指導

泰阜南中学校では、カレーライスを作ることで料理の作り方を学び、使用器具や材料の名称を覚え、ものと動作を表すことばを結びつけながら、体験的に日本語を習得する総合学習を行なった。また、感想文を書かせ、自分たちの活動の追体験をすることにより日本語の定着をはかろうとした。あわせて買い物・ガスの使用・炊飯など生活面の知識が身につくとともに生活日本語も学習できると考えた。

指導順序

①カレーライスの材料を買いに行く。
②材料を買いに行った体験を文章化させる。
③材料を準備し、カレーライスを作り始める。
④カレーライス作りの準備から試食までを文章化させる。

試食後に帰国子女は次のような感想文を書いている。

カレーライスを作った。とてもおいしかったし、カレーライスに関する日本語を勉強することができた。カレーライスは中国にない料理だし、これからもこういう勉強ができたらいいなあと思います。つくり方だけでなく、買い物や料理についての日本語も学んだし、とてもおもしろい活動だった。

さらに教師は、この学習を通して帰国子女に正しいガスの使い方を教えることができた。

特別学級における促音の指導例

泰阜南小学校特別学級の教師は、中国帰国子女の「読む力」(読解力)を評価したが、書く力(記述)には問題があると判断した。それは中国帰国子女全員に、促音および濁音の表記において脱落している部分があるという共通点を発見したからである。

そこで、小学校四年生の教科書から短い童話を教材に選び、促音の表記が正しくできることを指導目標に設定した。三年から五年までの中国帰国子女三名(各学年一名)に実践した教師の日本語学習指導記録をもとに教師のかかわりを見ることにする。[ ]の中は動作、( )の中は筆者のコメントである。

①まず、教材を教師が読んで聞かせる。

教師の役割：ひとことずつ、明瞭に、特に促音の箇所ではゆっくりと感情を込めて読む。
子女の様子：三名ともすぐに学習に溶け込んだ。学習が難しいと思えた一名の子女もほかの二名に刺激され、教材に真剣なまなざしで集中してきた。
（ほかの学年の子女とともに授業を受けることで、相互に意欲が高められていることがわかる。）

②読んだ後、教師が子女に感想を聞く。

教師の発言：「どうだった？」
子女の感想：「おもしろい」

教科書を授業ですでに読んでいる四年の子女は、授業で得た知識を得意げに話す。（教材への関心が高まる。）

③次に、読んだ教材の中から促音の入った文を二回繰り返して読み、教師の言ったことばの通りに黒板に書かせる。子女の書いた文には、三人とも促音の表記のしかたに間違いが見られる。

教師のリアクション：そこで、一名の子女が書いた文を、教師がゆっくりと口にしながら促音の表記を直していく。ほかの二名の文を「もう一度読みながら、どこか間違いがないか、考えよう」と言って、ほかの子女に考えさせる。

ほかの子女の発言：「おかしいところがある。小さい　つ　がぬけとる」
書いた子女の発言：「あっ　そうだ」［と言いながら黒板の字を直す］
教師の発言：「そうだね。小さい　つ　をぬかさないように書こうね」

教師は子女に対して、教師側からすぐに直すことをせず、ほかの子女に「どこが間違っているのか」を気づかせるとともに、書いた子女本人にも気づかせる指導を行なっていることがわかる。

作文指導

作文指導の結果、明らかに促音が脱落している文章を書いていた子女が、読むときには促音が入るようになった。正しい文章として読むことをくり返し行ない、改善されたことになる。学年の異なる三名による授業は初めての試みであったが、教師も明るく授業を行なえ、子女三名も楽しそうであったことが報告されている。三人が相互に黒板に書いた表記を見合うことで、また訂正し合うことで、聞きとったものと表記したものの違いに気づき、注意をはらって表記できるようになった。

このほか、子女が意欲的に学ぶことができるように、個性を尊重した指導法を取り入れている。たとえば次のような方法である。

明確に話ができず、声も小さく、語尾が不明瞭な点を直すために発表機会を与え、クラス全員の前で自分の考えを述べる練習を行なう。書くことが苦手な子女には、作文を書くことを教師は勧め、提出した作文をもとに「ほめる指導」を行なう、などである。

作文指導では、感動体験や「気づき」、「整理」をさせることが、子女の意欲的な行動に結びついた。その指導例を見てみよう。

作文指導例1

テーマ　私と中国

普通学級の一般児童生徒に自分の生い立ちを知ってもらい、理解してもらおうと帰国子女は教師と相談のうえ、「私と中国」というテーマで作文を書くことにした［泰阜南中学校、一九八九、四九］。

まず、担任教師から次のような指示がある。

①クラスのみんなに知ってもらいたいことを書く。
②日本へ来て大変だったことを書く。
③苦労したことを書く。
④家族のことも含めて書く。

作文指導例2

テーマ　心にのこったこと

「心にのこったこと」を書く作文で二年生の子女の一人は「サッカー」について書いた。少し前に学年で行なったサッカーが印象的だったからである。心に残ったのは、サッカーが好きなスポーツで、試合中に好プレーをして活躍できたからである。作文を書く姿は意欲的で、休むことなく書く。作文を意欲的に書かせるには、感動体験をさせるとよい。この子女の作文の構成は、次のようになっている。

サッカーをしたという前書き→場所の説明→試合中の体の動きを書く→試合結果→あとがき

教師は作文を書かせる前に、子女が書きたいことがらを、いったんカードに書かせ、そのカードを順序よく並べさせ、並んだ順に作文を書くように指導を行なった。作文の書き方を指導する際には、作文の事前準備が必要であることと、作文の構想を練る指導が重要である。

しかし、この作文には子女が最も書きたかったこと、すなわち活躍したシーンが書けなかった。それは、順序だてて書いているうちに肝心の最も書きたかったことを入れる余白がなくなってしまったからである。このようなときは、順序を決めるとともに、最も書きたいことをどこに入れるかを指導することが大切である。そうしないと、最初から最後まで順序だてて書くことばかりに気を取られ、最も書きたかったことが最後になってしまい、思うように書けないことがあるからである。作文の構想指導の段階で、順番に並べられたカードを見ながら助言する方法もある。最も書きたい事柄のカードには、より細かい事柄を書かせるなど工夫するとよい。また、最も書きたいことを最初に書かせる方法も有効である。

次に子女自身に、自分が書いた作文を読み返させる。読み返すポイントは、順序良く書かれているか、書きたいことが書かれているか、起承転結がとらえられているかという点である。

作文指導例3

テーマ　中国の暮らし

中国帰国子女（男子）の希望で「中国の暮らし」をテーマに作文練習をすることになった。文を作らせる前に、教師は生徒に以下のような質問をすることで「中国の暮らし」を生徒に深く考えさせている。

表9　実践事例（[泰皐南中学校 1989：13-14] をもとに筆者作成）

教師の質問
・餃子はどうやって作る？
・どういう時に作る？
・日本に来て何年になる？
・中国と日本の生活を両方経験しているわけだけど、比べてみてどうだろうか。
・お兄さんが帰ってきているけど、様子はどうですか？
・日本の生活の方が楽だというわけだね。
・日本に来て良かったと思うことは？
・日本に来て良くなかったなあと思うことはどんなこと？
・中国の料理にはどんなものがある？

教師からの質問に生徒が答える。続いて、教師は生徒に中国の暮らしを思い出させ、日本の生活と比較させる。生徒は「中国の暮らし」についての考えをまとめる。生徒はまとめた後に項目ごとに分類する。たとえば、「農業と食べ物」、「家の様子」、「中国の遊び」、「学校の様子」、「中国のことば」などの小分類である。

次に生徒は中国の漢字やことばを調べ、表にまとめる。生徒は最後の工程として構成を考え、「中国の暮らし」をテーマに作文を完成させる。この授業の指導目的は、中国について生徒に対話的技法を用いて深く考えさせることである。生徒は教師に説明し、話すうちに自然と中国の暮らしに関することを「思い出す」とともに新しい中国事情に「気づく」ことがある。また教師に話すことにより気持ちが落ち着くという効果が生まれる。さらに人との対話力を身につける練習にもなる。

特別学級での中国帰国子女（泰皐中学校資料）

次に、帰国後一年の中国帰国子

女が友人に宛てて書いた手紙を紹介しよう。

泰子（仮名）の書いた作文（原文）

ともこさん　こんにちは

だんだん寒くなって来ましたが、泰皐は紅葉の色が濃くなってきれいです。豊橋の方はどうですか。かなり寒くなったでしょう。こんな季節が風邪　ひきやすいと思いますが、負ないように気をつけてください。手紙　もらったけれど最近学校の事と家庭の事でちょっと忙しいので、返事　遅くなった。ごめんなさいね。

（後略）

現在の自分の様子を友人に伝える手紙文として整っているが、助詞の使い方に問題がある。単語と単語をつなぐ助詞が欠落していたり、助詞の選択や送り仮名に間違いがある。また文体が統一されていない。しかし、手紙を受け取った友人が内容を把握できるだけの日本語能力が備わっている。手紙のような通信文を帰国後一年くらいの中国帰国子女に指導する際には、文法上の細かい点にこだわらず、また教師が表現を一方的に修正することなく、子女が相手と気持ちが通い合う文を書くことに主眼をおいた指導が必要であろう。一つひとつの単語を覚え、単語として使えるようになっても、ひとつのまとまった文章として表現するまでには長期間の日本語学習を要する。日本社会で多くの人たちと出会いながら日本語を体験的に身につけていくことが必要である。いずれにしても帰国後わずか一年しか経っていない子女が、これだけの日本語能力を身につけたことは子女と教師にとって大きな励みになったことは間違いない。

指導順

名詞（＋代名詞）→動詞→名詞＋動詞→助動詞（文末表現）→接続詞（そして・しかし）→形容詞＋名詞→副詞→助詞（は・が・を・へ・から・まで）→動詞の活用→敬語

日本語文法と全校国語力調査

特別学級の教師は、帰国子女への日本語教育において、より効果的な学習には「日本語文法」の指導が重要であると考えた。日本語を日常的に意識せず使用している日本人生徒に日本語文法を教え込むことは、単なる知識としての意味しかないが、外国人の日本語学習者にとっては文法が単なる知識としてではなく、自分の間違いに気づく重要な基準となる。作文練習において、何回も間違える学習者には「助詞の使い方が違います」と助言するだけで、気づくことができる。図で教師の文法指導順を示した。

一九八三年に泰阜南中学校全校生徒に行なった国語力調査結果は表10の通りである。

この結果からわかるように、帰国後数年経過した子女の国語力はほかの生徒に比べて劣っているとはいえない。漢字訓読み、助詞のように、むしろ優れた項目も見られる。

教師の役割

これまで見てきたことからわかるように、中国帰国子女の日本語指導における教師の役割は極めて重要である。日本語教師の役割を表11にまとめてみた。

表10　全校国語力調査（泰阜中学校資料をもとに筆者作成）

	全校正答率	帰国子女帰国後数年	3年未満（%）
漢字の読み（音）	67	67	43
（訓）	57	58	23
語句・語彙（助詞）	81	87	58
（動詞）	74	60	20
（副詞）	87	80	45

表11　教師の役割

1. 指導法

①生活指導を行ない、生活で必要な日本語を中心に指導する。

②帰国子女の特別学級と一般児童生徒の普通学級との連携を密にすることで学習効果と豊かな人間関係を築く指導を行なう。

2. 配慮

①帰国時期・年齢・中国での就学状況等を考慮して小集団に分け、個別的に対応する。

②帰国子女の個性が充分に生かされるように心配りをする。

③帰国子女同士、帰国子女と一般児童生徒が相互に刺激しあうことで意欲が高まるように配慮する。

④帰国子女・一般児童生徒に自分の価値観を強要することがないように注意を払い教育を行なう。

⑤学校の中で、一般児童生徒に中国帰国子女に対する理解が深まるような教育を実践すると同時に、子女に適切な教育を施すという一般児童生徒と子女の公正なコーディネーターの役割を果たす。

4　社会学級

子どもたちの文化変容と家族

中国帰国子女は学校で日本語を学ぶが、親には日本語を学ぶ機会がない。日本語がわからない親のために役場や病院に子どもが付き添い通訳することもあった。親が日本語を覚えることができないために、子どもが先に日本語を習得し、家族と地域社会、家族と学校とを結ぶ役割を果たした。

一九七五年四月十三日、泰阜村は中国帰国者に対し泰阜村立小中学校教師による家庭訪問指導をスタートさせた。学校教師の中国帰国子女家庭訪問により明らかになったのは、家族全員が中国語で家庭生活を送っていることである。これで教師は初めて、子女の日本語学習があまり向上していない理由がわかった。子女が学校で覚えた日本語を家庭でまったく使用せずにいることに教師は驚いた。

さらに中国帰国子女家庭訪問の結果、親世代の日本語能力の低さから親子が生活面で不便を感じていることがわかった。村の生活習慣とこれまで中国で過ごしてきた生活習慣とは大きく異なるため、早急に日本語学習や日常生活の支援を必要とした。とりわけ子どもが学校生活に慣れるためには家族の理解・関心・協力が不可欠である。家庭でも自分のことばや文化が尊重されるように、周囲の日本人が帰国者のことばや文化を尊重する環境

〔文化庁、一九九七、三九〕をつくることも大切であるが、子どもが学校教育で成果をあげるためには、親を含め家族全員の日本語教育もまた必要である。

家族を対象に社会学級で生活日本語を指導した保健師、中島多鶴さんの話では、日本語を早く習得した子どもの中に、中国語をまったく話せなくなった子どもがいたという。そのため、中島さんは中国語を取り戻す指導を行ない、母語保持に努力したと語っている。言語の支援というと、母語教育には関心が寄せられず、日本語を教えることだけに終始してしまうことが多い。中島さんは、一九四六年の満洲引揚者で中国語をある程度話すことができること、旧満洲の生活事情に精通していることから帰国者の悩みや心情を理解することができるため、村から何かと頼りにされている。

親子間のコミュニケーションギャップと相乗効果

泰阜村は中国帰国子女の言語事情を鑑み、成人と中学生・幼い子どもを対象とした中国帰国子女家族全員の生活・日本語学習支援を行なう社会学級を中学校内に開設した。義務教育児童生徒には小中学校に開設した特別学級で日本語教育を実施し、その家族には社会学級で生活指導と並行して日常生活に必要な日本語を重点的に指導した。まさに中国帰国子女の家族全員を対象とした教育体制を学校内に整備したのである。社会学級開設期間は一世帯当たり三カ月～六カ月とし、この期間内に基本的な生活習慣・日本語能力が身につくような指導を目指した。指導方法は次の通りである。

一週間に二回（火曜日と金曜日の午後二時より四時まで）、日本語のほかに生活の仕方や日本の諸制度について細かく指導を行なう。指導内容項目は、料理・洗濯・歯磨き・買い物・電気製品やガス器具の使用法・入浴の仕方（石鹸やタオルの使い方等）・金銭の数え方・生活費の計算・電話のかけ方・地理や地名・近所との付き合い・年中行事・礼儀作法・宗教儀礼・健康管理・生理衛生・保健制度など多岐にわたる。単なる日本語指導だけでは習得が難しいため、日常生活で必要とされることばを中心に根気よく指導することで、村内での定住生活や日本語習得につなげるように工夫した。

社会学級では、帰国子女特別学級担当講師が自宅から丼・茶碗・皿・急須・湯飲み茶碗・椀など食器一式を持ち込み、食器棚に並べてみせ、それらを教材にして「生活に役立つ日本語表現」を一つずつ丁寧に繰り返し指導した。現物を見せながら幾度も練習を行なうことで、学習者の理解が促進され、動詞と動作が、あるいは名詞と食器の名前が一体となって頭に入り、日本語習得を促進する結果となった。これを機に実物教材の使用が帰国子女家族には効果的であることが認められ、日本語指導に活用されるようになった。このような社会学級における家族全員の日本語教育により、家庭での親子間に生じるコミュニケーションギャップという問題を解消することができ、子女は家庭生活・学校生活に自信がもてるようになった。

実際に社会学級で教えていたことばを三カ月間プログラムの中から見てみよう。帰国子女家族一世帯あたりの指導期間は基本的には三カ月となっている。一九七六年五月から七月にかけて実施された社会学級のプログラムから日本語学習の内容を抜粋したものを表12に示した。

以上述べてきたような泰阜村の取り組みは早い時期より行なわれ、「泰阜方式」として関係市町村からも注目された。長野県で最も早く特別学級

表12　社会学級指導内容（昭和51年度、3カ月間6回）

月日	指導内容
5月14日	日本語初級（色の名前）
5月18日	日本語初級（野菜の名前）
	日本語上級（敬語）
5月28日	日本語上級（お金の計算）
6月1日	日本語上級（お見舞いのことば）
7月2日	日本語（泰阜村のことば）
7月5日	日本語（野菜の名前の復習）

社会学級で料理（てんぷらの作り方）を学ぶ中国帰国者。村民がてんぷらのころものつけ方を指導している（泰阜中学校資料）

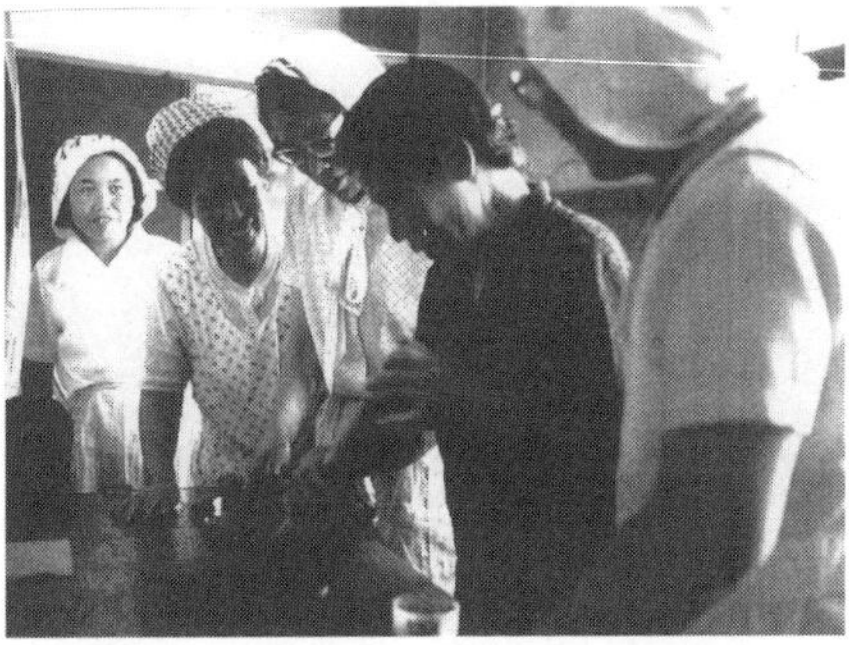

社会学級で村民から家事について講習を受ける中国帰国者（泰阜中学校資料）

と社会学級を開設したのが泰阜村であった。この社会学級は、日本語教育と生活指導をともに行なうことで相乗効果を目指した総合的生活学習支援に、その独自性がある。

社会学級の講師は、実施内容に合わせて泰阜南小中学校の特別学級教師や保健師、村役場住民課の女性職員、村民等が担当した。村役場職員自身の日本語教育への関心と帰国子女家族の定住生活に対する認識が大きな機動力と推進力をもたらした。村当局と学校と村民の連携は、もともと村民に存在していた中国帰国子女や家族への協力心を具現化する役割を果たした。

日本の学校に中国帰国子女のような移民児童生徒を受け入れる場合、言語習得や日本人児童生徒との学力差の問題は、地域・家庭・学校が連携・協働して考えなければならない大きな課題である。それには中国帰国子女家族に日本語教育を行ない、教授言語を家庭で使うように指導した「社会学級」のような親子間コミュニケーションに留意した支援と言語教育策が必要である。

保健師による日本語学習支援

泰阜村では、満洲引揚体験のある保健師、中島さんがキーパーソンとなり中国残留者の帰国促進に大きな役割を果たした。また生活指導面では表13に示した活動と日本語学習支援を行なった。

中島さんは保健衛生面に関することばを中心に指導することで、定住生活の支援を行なった。しかし、入浴の仕方や洗面、衣服の清潔、衛生指導においては、ことばだけの学習では理解できなかったため、実技を見せる必要があった。さらに何回も教えなくては覚えることができないため、帰国者の家庭に入り、家族の目の前で、実際の動作を何回も繰り返し行ない、ことばと動作が結びつくまで指導した。

このように保健師は家庭に入り込み、中国帰国者・子女と身近で活動するため、親の要望や子どもの希望を把握することが比較的容易な立場にある。したがって、行政と中国帰国子女一家との橋渡し、すなわち帰国子女一家の声を行政側に伝える役割を果たすことが可能である。このことからわかるように、日本語教育は日本語を教える技術がすべてではなく、それぞれの得意分野の知識をもった人が、その分野に関することばを教えることで、学習者はより深く理解するものである。また、学習者にとって教える人への「信頼感」が特に重要であることがわかる。中国での生活との違いから帰国者は体調に不安を覚えていた。そんな帰国者の

表13　保健師の役割

①ツベルクリンとBCGの問診票記入方法
②日本語教室の紹介
③日本語教室に出席を促す
④児童手当申請書の作成指導
⑤パスポートの再入国手続き
⑥学校への欠席連絡の仕方を指導
⑦保育料の説明
⑧入園手続き
⑨休業届の書き方指導

「社会学級」で中国帰国子女家族に入浴の仕方を教えた元保健師の中島多鶴さん（筆者撮影）

表14　社会学級における指導内容〔昭和50年度～51年度より一部抜粋〕
［（泰阜南小学校、1977：17）をもとに筆者作成］

月日	受講人数	指導内容
5・14	13	生活の仕方、日本の食べ物
15	13	買い物の仕方、近隣との付き合い方
16	12	洗濯の仕方、家庭経済
24	13	日本の社会、料理
27	9	健康管理、生活設計
30	9	入浴の仕方（実技指導）
6・3	7	日本語、料理

健康管理の専門家である中島さんには信頼を寄せた。中島さんが元開拓団家族で同様の経験をもつことから来る信頼感もあることは否定できないが、保健衛生面に関しては村で最も知識のある人だからこそ、その人の保健関係の日本語指導に大きな信頼感を寄せるのである。

親の職業意欲

一九七六年九月二十七日から一カ月に一度、長野県の行政関係者、特別学級教師、帰国者らが泰阜南中学校特別教室に集まり「引揚者社会学級打ち合わせ会」が開かれるようになった。帰国者の「職場適応訓練結果」についての報告、帰国者の生活設計、援護制度等についての説明が村役場担当者によって行なわれた。その具体的な内容は、生活保護の取り扱いと就職支度金の支給に関するものであった。そのほか「社会学級経過報告」も行なわれ、第一期から第三期までの社会学級指導内容が次のように報告された。

「引揚者社会学級打ち合わせ会」では、この実施経過から指導の反省がなされた。村役場担当者と帰国者を指導した教師から「ことばが通じないことから意思の疎通を欠いた」、「理解ができない帰国者に対して根気よく指導する必要がある」という話があった。

しかし、一九七五年に社会学級を開設し家族ぐるみの教育実践を行なうに

表15　社会学級経過報告
（出典：泰阜村役場「引揚者社会学級の経過と反省」）

第1期	昭和50年4月から9月
	全員を対象に、言語、生活、保健、料理、社会常識。 生活保護適用による援護の充実をはかった。
第2期	昭和50年10月から51年3月
	男性対象に、就職のための職場適応訓練。 6カ月間配管工の現場訓練（職業安定所主催）。 女性対象に、料理、衛生、ことば、手紙の書き方。
第3期	昭和51年4月から52年3月
	全員を対象に、就職の助言、指導。 自立のための生活指導。

つれ、次第に就労に向けての成果が現れるようになってきた。七六年四月から、帰国子女の父親が全員、職場適応訓練のため毎日飯田方面に通い始めたのである。その結果、飯田市の会社で配管工の職を獲得することができた。社会学級による就職・生活指導が女性の職業意欲の向上に効果を発揮し、中国帰国子女の母親も村内の電気部品工場の職を獲得した。家内労働では内職に精を出し家族の生活費捻出に貢献した。

このように家族の一人ひとりが役割分担に努めた。この事例は多くの示唆に富んでいる。外国人に対しては、日本社会への受け入れ時の支援とともに、受け入れた後の支援体制が重要という点である。

中国帰国者の「ことば」と就職は密接な関係がある。ある身元引受人

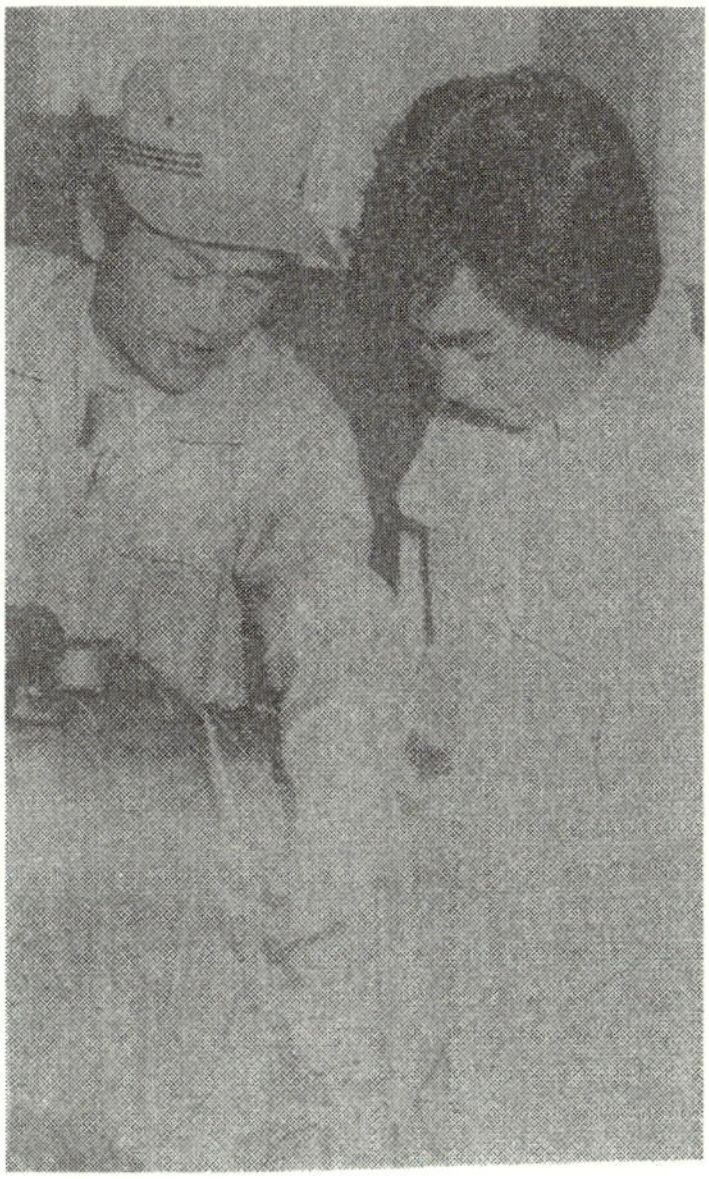

職業訓練の様子（泰阜中学校資料）

は筆者に次のように話している。

孤児らの求職活動の援助をしましたが、孤児らの就職は順調にはいきませんでした。職安で求職活動もしましたが、中国での孤児らの職歴、経歴を考慮して職場の斡旋をするということはなかったですね。帰国者に就職の世話をしようと、一緒に職業安定所に行くと、必ずといっていいほど「すぐ役に立つ人がほしい」と言われますね。ことばや生活習慣の違いから「帰国者には、即戦力がない」と断られましてね。すぐできる人、すぐ間に合う人がほしいんです。即戦力重視ですわ。だから、帰国者に早く日本語をマスターするように言うんです。そうすれば問題ないですよ。企業の担当者から「日本にたくさん失業者がいるのに、何でわざわざ帰国者を使わないといけないの」とあからさまに言われたことも実際ありましたよ。やっぱり、日本の生活習慣を早く身につけなければいけませんね。

それから、日本語の敬語の問題がありましてね。日本人は、目上の人には敬語を使います。帰国者にとっては、敬語が難しくて使えないんですよ。敬語を使わないといけないところで、敬語を使わないもんだから、上司が頭にくるわけです。もうひとつは、わからないのに、すぐわかったふりをするんです。単純労働ですが、わかるまできちんと聞かないといけません。〔山田、二〇〇六a、九二〕

企業は、即戦力を期待する。職を獲得するためには、日本語能力を身につけなければならないと身元引受人は指摘している。

社会学級で日本語を習得した帰国子女の両親には、正規雇用の道が開かれ、一家の生活を支えられるようになった。さらに社会学級での指導の結果、帰国子女家族の自立傾向が現れ、村民に頼らず自分たちだけで育児にも励み、買い物も何とかひとりでできるようになったのである。社会学級の試みは、帰国子女家族に生活力と自信を与え、村で自活して生きていく支えとなった。

「引揚者社会学級打ち合わせ会」は、職業訓練中の父親、社会学級で生活指導を受けている母親、特別学級の子どもたちなど一家全員がおよそ一カ月に一度学校に集い、生活方針や反省点等について話し合う貴重な機会であった。中国帰国子女家族が村で孤立することなく、村民と打ち解けて生活基盤を築くことができたのは、こうした社会学級での村民との触れ合いや家族単位での学びがあったからである。これほど親身になって面倒をみている自治体は他に例がないといわれる［小林、一九七七、二三五］。それは帰国者と村民のあいだに日本語学習者—指導者という関係を越えた深い絆があったからである。帰国者と村民一人ひとりが同じ村に生活する者として、相互扶助の精神をもって［山田、二〇〇七a、七二三］学び合ったのである。まさに「村ぐるみ」の教育であった。

泰阜村で生まれた中国残留孤児二世の中国人配偶者あき子さん（仮名）は、生活の中で少しずつ日本語を身につけ、現在では下伊那郡内の帰国子女に対して日本語指導や地域住民への中国語指導をするなど活躍している。帰国した当初、周囲に親類や知り合いはいなかった。ことばや買い物の仕方、生活習慣を一から教えてくれたのは地域の住民であったという。その人たちへの感謝の気持ちが行動の源になっている［信濃毎日新聞社、二〇〇六、一六八］。

中国帰国子女への日本語指導で重要なことは、目的が「日本語を教える」ことにとどまらず、「日本社会で生きぬいていくための力強い支えを与える」までに及ぶことである。中国帰国子女が日本語を覚え、その覚えた日本語で学校の教科学習に取り組み、その学校教育の中で一般児童生徒や教師との交流を通じて人間関係を学び、学校から社会に出たときに大きな自信の源になるように指導することが重要である。

5　中国理解教育

泰阜村と中国社会

泰阜中学校生徒に対して「村と中国との関係」についての知識を問う調査が教師により実施された。

質問項目（泰阜中学校「村と中国との関係」調査資料より一部抜粋）
1　なぜ村に中国から来た人がいるのか知っていますか？
2　「満洲開拓団」ということばを聞いたことがありますか？
3　家の人や親戚のなかに「満洲開拓団」で行った人がいますか？
4　村と中国との関係で知っていることを書いてください。

この調査から、生徒が村と中国との関係や村の歴史を知らないことが判明した。そこで、教師は授業の中で満洲開拓団送出から終戦後の悲惨な逃避行に至るまで泰阜村の歴史を教えることにした。

生徒は村の歴史を知り、村と中国とのつながりを認識した。そこで、帰国子女の生育環境への理解が深まった。中国語と中国文化を背景にした子女と一般児童生徒がともに学び、相互理解の過程を経て双方の学習意欲の向上につながっていく。

中国帰国子女が日本社会に適応し変容していくだけではなく、一般児童生徒も影響を受け少なからず変容することになる。ここに一般児童生徒、すなわち異文化をもつ人を受け入れた日本人側の理解の重要性が示される。中国帰国子女と一般児童生徒との相互理解があって初めてクラスの国際化は成立する。

一般児童生徒への教育

中国帰国子女教育には、帰国子女への教育という面と同時に、一般児童生徒に対して子女への理解を育むという両面性がある。教師は一般児童生徒に中国帰国子女の歴史的背景を詳細に教えた。一般児童生徒は、帰国子女が生まれる背景となった日中の歴史を知ることで、帰国子女の生育環境への理解が徐々に深まるとともに母語・母文化尊重の大切さにも気づいた。

泰阜村立小中学校は、帰国子女を受け入れたことで、他の子どもたちの気持ちに配慮し、子女と一般児童生徒の両者を支援することに努力した。日本語での会話がある程度可能な子女に対して学力向上のために支援することは、「一般児童生徒でも対応が必要である」として、「逆差別」［文化庁、一九九七、二九］との指摘がなされることもある。教師は「中国帰国子女ばかりを熱心に指導している」と一般児童生徒に思わせてはいけない。両者を公平に指導する気持ちを示さなくてはならないだろう。

人的リソースとしての中国帰国子女

中国帰国子女は、次第に自己の生い立ちに自信をもって中国での生活を語り、中国語や中国文化を一般児童生徒に教えるようになる。このように学校のシステムに慣れるに従い、人的リソースとしてなくてはならない存在になっていく。すなわち一般児童生徒が、中国帰国子女に学ぶ機会が増えていったのである。中国帰国子女は、被教育者としての存在であっただけではなく、交流と理解の実践の当事者であり、あるときには教育者であった。

中国帰国子女しかいない教室では、すべて会話が中国語で行なわれ、日本語の必要性が薄れてしまう問題点も指摘されている［泰阜南小学校、一九七七、六］。中国語を保持しながら日本での生活に困らない日本語能力を併せもつことで、より快適な暮らしを保障する教育でなくてはならない。

中国帰国子女のように中国語と日本語の二言語を使用するバイリンガルの子どもたちが、大人になってから小学校の母語指導協力員となり、同じような境遇の子どもたちの相談にのっている公立小学校母語指導協力員の事例もある。日本語の授業を理解できない児童生徒のために母語を使用することで授業の理解促進に役立てる学習支援である。このような児童生徒に対する学習面での支援を全国の地方自治体が外国人コミュニティと連携して取り組むことで、学校の授業についていけない外国籍および外国にルーツをもつ児童生徒の支援につながるのではないかと考えられる。

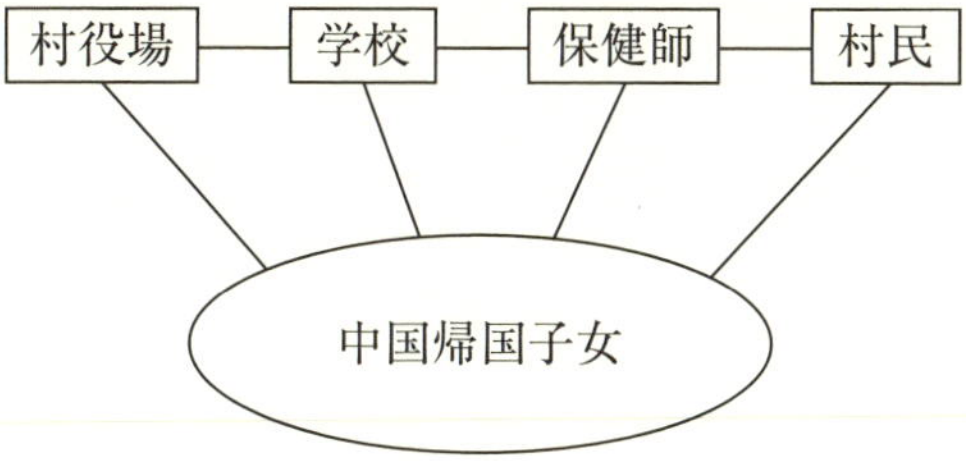

図3　中国帰国子女の支援ネットワーク（筆者作成）

6　人材ネットワーク形成と連携支援

官・学・民の連携

泰阜村の中国帰国子女教育の特徴として、日本語教育の担い手が担任教師、特別学級教師、村役場職員、小中学校事務職員、栄養士、養護教諭、保健師、村民など多彩な人材であること、すなわち「官・学・民」連携で日本語教育を実践したことが挙げられる。

全村全校あげてのバックアップ体制のもとでことばの指導と生活指導を行なったことで、学校を拠点とした国際化は地域社会へ波及していくことになった。村民が日本語教育の一翼を担った泰阜村の事例は、日本語教育の教授法を学んでいない人たちでも、行政と連携して学習者ニーズの把握を的確に行なうことで、日本語教育の優れた担い手となれることを示唆している。

泰阜方式の「官・学・民」連携は、行政が主導した人材ネットワーク形成による地域に生活する外国人への日本語学習支援のありようを示している。泰阜村の場合は、戦前に満洲へ多数の村民を送出した責任主体であり、日本語学習者である中国帰国子女家族の複雑な歴史的背景を考慮し、村が指導性を発揮せざるを得なかったといえる。たとえば、村が肉親に代わって特別身元引受人として帰国者を受け入れたことにもその指導性を見ることができる。

肉親が判明した孤児の帰国希望者の受け入れにあたっては、日本の親族が自発的に孤児の身元引き受けを行ない、それぞれの郷里に帰国してもらうことが望ましいと考えられてきた。しかし、在日親族が亡くなっていたり、孤児の受け入れに難色を示したり、拒否したりするケースから永住帰国を希望しながら帰国できないでいる身元判明孤児が多くでた。そこでかれらの永住帰国を促進する目的で、一九八九年七月に特別身元引受人制度が発足した。

特別身元引受人の役割は身元引受人と同様であるが、相違するのは身元判明孤児の帰国手続きの遂行を肉親に代わって行なう点である。村は残留孤児や残留婦人等の帰国後の生活支援だけではなく、帰国促進および村への受け入れに際しても支援体制を整えた。いわゆる定着自立支援を村の中国帰国者援護制度として明確に位置づけたのである。

中国帰国子女教育研究協力校になってよかったこと

国が「中国帰国孤児子女教育」として中国帰国者の子どもの教育に取り組み始めたのは、一九七六（昭和五十一）年からである〔中西、二〇〇一、二九〕。一九七二年に泰阜村が中国帰国者家族を受け入れたことにより子女教育を実践してきた泰阜南小学校は、文部省帰国子女教育研究協力校指定制度が始まった年に研究協力校に選ばれた小学校のひとつである。第一期一九七五・七六（昭和五十・五十一）年度から第四期一九八一・八二（昭和五十六・五十七）年度まで指定された。また泰阜南中学校は、南小学校の一年後に指定を受け第一期一九七六・七七（昭和五十一・五十二）年度から第七期一九八八・八九（昭和六十三・平成元）年度まで連続七期にわたり研究協力校として中国帰国子女教育を実践していくことになる。

しかし、順調な歩みを辿ったわけではない。まず、帰国時期がそれぞれ異なること、帰国子女の年齢が六歳から十八歳までと幅があること、そして日本語学習状況が個々人で異なることから、帰国子女を一括りにした日本語教育は難しい。そのため教育レベル・学力・日本語能力に応じた教科指導の必要に迫られることになったのである。その背景には中国での教育環境がそれぞれ大きく異なるという事情がある。文字を書くことのなかった子女や鉛筆使用体験のない子女への指導は、日本語教育以前に学習態度・生活指導から開始しなければならない。

泰阜南小学校の文部省指定第一期の教育は「生活への適応指導を中心にした日本語指導」を基本方針とし、第二期の教育は、基本方針は第一期と変わらないが、個々の子どもの能力に適した普通学級での学習指導と、基礎・基本学習をより確かに身につけるための特別学級での個別指導を併用することにした。第三期の教育は「生活に適応し、積極的に学習にとりくむ子どもをめざして」、第四期の教育は「完全普通学級における相互の磨き合い(4)による指導」を基本方針とし、普通学級における子ども同士、教師と子どもの磨き合いによる指導を実践した。

泰阜村の小中学校が文部省研究協力指定校になったことは、中国帰国子女や一般児童生徒だけではなく、教師に対しても思いがけない変化をもたらした。研究協力校に指定されることは、教師が授業のあり方を見直し体系的に再構築する機会となった。研究報告書作成にあたり、教師が一丸となって中国子女教育を熱心に研究した。

学校が研究協力校に指定されたことで、教師の活力と意欲につながり教師全員がやる気まんまんだったと中国帰国子女教育を実践した当時の先生は話している。

7　教育のコーディネーター

身元引受人と満洲引揚者による言語支援

中国帰国者（残留孤児・残留婦人・その家族たち）が日本帰国後、定着地においてまず頼るところは身元引受人である。「身元引受人」とは身元未判明孤児世帯や親族引き受けができない身元判明孤児世帯、残留婦人等の日常生活上の相談にのり、自立に必要な指導や助言を行なう人をいう。厚生労働省が各都道府県に委任し、選定してもらった人の中から厚生労働省が最終決定する。身元未判明のまま帰国した孤児世帯の置かれている立場を理解し、かつ社会的信望が厚く指導に熱意をもってあたることができる者とした。泰阜村においては、満洲引揚げ体験をもつ人が身元引受人となり、生活上の相談や日本語指導にあたっている。

村は、先に中国から引揚げてきた日中両言語に堪能な村民（満洲引揚者）を中国帰国者の通訳とし、中国帰国者が医療機関で受診する場合や、福祉事務所が家庭訪問により助言、指導および援助する場合に同行し、中国帰国者との意志の疎通をはかることに尽力した。これで帰国者が安心して病状や悩みを伝えることができるとともに村民と同等の情報が得られ、定住生活の大きな援助となった。満洲引揚者は同じ終戦体験を有する者として、中国帰国者の生活指導、日本語指導に尽力した。通院する病院の受診科（内科、小児科、外科、皮膚科、産婦人科）や役場支所において、病気時や役場の手続きの際に言語支援を受ける帰国者が多い。単なる通訳にとどまらず、満洲体験共有者として心理面での支援を兼ねた生活全般にわたる支援者であることが特徴といえる。

家庭と地域と学校

中国帰国子女に問題が起こったときには、直ちに帰国子女家族と学校長、担当教師、教育長、教育委員会、村役場福祉課、中国帰国子女指導経験のある教育関係者との会議が設けられ、課題や対応について協議した。帰国子女担当教師は「家庭」と「地域」と「学校」の三者が相互の考え方を伝え合い理解する重要性を指摘した。家族と学校関係者のみの会議ではなく、教育と福祉の関係者が全員集まり、徹底的に議論を尽くした。問題点を放置せず、速やかな対応をとったことが早期の問題解決につながった。

十八歳のときに母親と二人で帰国した和男（仮名）は、「日本へ帰ったら大学に入学したい。一生懸命に勉強し、大学を卒業したら中国に戻って日本語を教えたい」との希望をもっていた。しかし、この希望を叶えるには大変な困難を要した。年齢や家庭環境、日本語能力からして非常に難しいことだった。教師から見れば、この希望はとても叶えられるものではなかった。進路指導はこうした食い違いの中で始められた。家庭環境を考えると、教師は和男に就職を勧めざるをえなかった。教師の就職を勧める指導に和男は大きな衝撃を受け、まったく口をきかなくなった。ひとり心の葛藤に耐えていたようであった。そんなとき教師は、日本の就職制度、進学に必要な学力、教育費、家庭のことなど詳しく説明した。理解が得られるまで何回もこのような話をした。少しずつ和男の表情が変化し始めた。家庭の現状を理解したようだった。教師は何回も和男を連れて職場見学を行ない、日本企業の現場を見せることにした。そのうち、和男は自分が興味をもてる会社を見つけ出した。表情も次第に明るくなり心の葛藤を乗り越えたようだった。ついに「会社でがんばって働いて、中国にいる父親を早く呼びたい」と目を輝かせて言うようになった。

子どもを地域の人たち全員で育成すること、子どもの家庭環境を重視すること、開かれた学校を目指すという点に泰阜村の中国帰国子女教育の特徴を見出すことができる。

「生活者」としての中国帰国者

泰阜村では、普通学級での中国帰国子女と一般児童生徒との交流、村役場職員や保健師など村民が教師となった社会学級での学び、帰国者と学校関係者および村民との懇談会、中国帰国者交流会での生活体験発表など、日本語教育をめぐる多様な施策が継続して案出され実行に移された。いわば、日本語教育を「ことば」だけの教育として実践したのではなく、生活領域に拡大し、さらに生活する人間同士の「交流教育」(5)へと発展させた。

国においては、一九九四年十月一日、円滑な帰国促進と永住帰国者の自立支援をより一層確かなものにするために「中国残留邦人等の円滑な帰国の促進及び永住帰国後の自立の支援に関する法律」が施行(制定は四月六日)された。この法律によって円滑な帰国を促進するとともに、永住帰国した者の自立支援を目的とすることがようやく明確に規定された。こうして、自立に必要な政策がやっと国や地方自治体の責務となったが、この国の政策に先立つこと約二十年、泰阜村は帰国促進に努め、帰国後は住居や生活用品を整えるとともに就労支援・生活支援・日本語学習支援などの自立支援制度をすでに決定していたのである[山田、二〇〇七a、七〇六]。

手厚い支援策がとられた背景には、帰村した中国残留孤児が元来この村の出身者であり、身元未判明孤児ではなく身元判明孤児であったことが挙げられる。村の人たちにとって彼・彼女らの帰国は、幼馴染みの帰国なのである。いわゆる、帰国者全員が「見知った生活者」である。このような特殊性が一因であるとはいうものの、日本語指導者として、あるいは支援者意識からだけではなく、同じ村民として同じ人間として、相互扶助の精神で学び合うこと、そして地域力を発揮することは、他の自治体においても重要である。さらに、対象が中国帰国子女家族だけではなく、現在および将来の外国人との地域生活であっても同様である。

泰阜村が実践した中国帰国子女教育の事例は、外国人を抱えているどのような自治体・コミュニティにも応用が可能である。地方自治体やコミュニティが指導力を発揮し、一過性ではなく継続的に行なえる支援、たとえば外国人家族全員の日本語および生活指導や交流会などから開始すればよい。地域住民との心のつながりを感じてこそ、外国人は安心して暮らすことができるのである。

中国帰国子女のライフストーリー

泰阜村に定着した中国帰国子女は、本人だけでなく家族全員が、村役場・学校・村民など村ぐるみの支援を受けた。しかし、他の定着地の学校に編入学した子女の中には、そのような支援を受けていないケースが多い。ある中国帰国子女のライフストーリーを取り上げ、泰阜村の帰国子女と比較検討したい。

中国から親とともに帰国した二世女性の語りは以下のようにまとめられる。

杉山美和（仮名）さんは、母親に連れられて一九八八年三月、日本に帰国した。当時十五歳であった。中国人の父親は、未知の国日本での生活に恐れを抱いた。迷った末に、父親は中国に残ることを決断し、妻と子どもの美和さんを日本に帰国させた。

彼女の名前は、定着地の身元引受人が付けた。美しいイメージをもたれるようにと、身元引受人はさまざまな名前の中から彼女の日本名を選択した。中国帰国者は定着地で生活が落ち着くに従い、中国名より日本名を名乗ることが多くなる。

美和さんは中国東北部で中国残留孤児の母親と中国人の父親との間に生まれた。母親は一九四五年八月の終戦時、両親と離ればなれになり道端で泣いているところを中国人夫婦に引き取られ、中国人として育てられた。美和さんは母親が日本人であることをまったく知らなかった。母親が祖国日本に帰ることについて何の認識もないまま、母親に連れられて渡日したのだった。母親は、日本に帰国することを中国の隣人にも明かしていない。娘の美和さんにも打ち明けずにいたのは、もし美和さんに話せば、美和さんが反対して日本に帰国することができなくなるのではないかと恐れたのだった。日本に帰国する日、母親とふたりで帰国者集合地の北京に到着したときの様子を美和さんは次のように語っている。

全然知らなくて、日本に来ること、まったく知らずに、北京に来てから母に聞かされたのですよ。「遊んでくるか、旅行かあ、海外に行けるんだあ」と思ったのです。

美和さんの「日本」に関する知識はテレビで見た程度のものしかなかった。彼女は渡日したものの、突然の異文化体験のため混乱した。友人と離れた日本社会で孤独感と寂寥感に悩まされた。しかも毎日緊張の連続であった。

定着地で住まいが定まると、身元引受人が早速美和さんを近くの中学校に連れて行き、編入学の手続きをとった。しかし、年齢相当学年ではなく自分より年下の生徒が学ぶクラスへの編入であった。一刻も早く年齢相当学年に上がりたくてたまらなかった。中学校では自分の居場所はまったくなく、毎日孤独との闘いであった。学年を下げても教師の話す日本語が理解できず授業についていけなかった。帰国子女のための特別授業もなければ、中国語での授業もなかった。しかも通訳も付けられず、帰国子女に対する教育的配慮は感じられなかった。中国帰国子女は日本語能力や日本の生活習慣に通じていないことから、教育相談等、学習や生活面でのフォローが必要である。教育現場での教師や同級生の無理解から、美和さんは学校に嫌悪感を覚えるようになる。彼女はいじめについて次のように話している。

「中国人」とか「馬鹿」とか……。私が通ると、パッと避けるんですよ。集団でやられました。いい子もいるけど、クラス全体が敵に見えましたね。誰も話してくれないし……、避けてる感じがわかった。最初は、先生も「みんな仲良く……」と、言ってましたが……。仲間にはぜんぜん入れてもらえなかった。女の子のほうがひどかった。肩をわざとぶつけたり……。先生が「あやまりなさい」というと、「ごめんなさい」、そこで終わらせちゃう。「この先生は……」と思いましたけど。

美和さんは、同級生全員の前で、常に教師から「あなたは中国人だ」と言われているように感じたという。日本社会で「日本人」として認めて受け入れられると思い込んでいた。しかし現実はまったく異なることを自覚せずにはいられなかった。美和さんは、学校の教師や同級生から「中国人」としか見られず、それどころか同級生との「異質性」を教師から強く意識させられた。彼女は授業中に味わった惨めな思いを次のように話している。

先生は歴史の授業に、いろんな外国の名前をみんなの前で私に「中国語」で言わせるのですよ。中国語で言わされるのですよ。いやですよ。本当にやめてほしかったですよね。中国語で国の名前、いやですよ。私、目立ちたくなかったのに……。学校でわたしひとりしか（中国帰国生徒は）いないのに……。（中略）
わたしは登校拒否になったのですよ。それで学校変わって、ほかの地域の学校に行きました。不登校生が集まる学校ですよ。それからもう一度転校して別の中学校へ中三の九月から入りました。

美和さんの母親は、美和さんがいじめられて帰ってくるたびに、悲しくてたまらなく泣いた。「日本に帰らず中国の学校にあのままいたなら、娘は成績も上位でいられたし、友人も多く楽しい学校生活が送れた。それを母親の自分の都合で、中国の友人と引き離し無理やりだますようにして異国の日本へ連れてきてしまった。自分のわがままのせいで子どもがかわいそうな目に遭っている。子どもに申し訳ない」という気持ちでいっぱいだった。美和さんのために何とかしたかった。しかし、日本語がわからないため助けになれず悲しかった。何とかしたくても何もできないジレンマに苦しんだ。

最初の中学校で、美和さんは登校拒否を起こすようになり、二回の転校を余儀なくされた。最後に転入した中学校では、これまでの学校とまったく異なり、帰国子女に対して丁寧な指導と日本語学習支援が行なわれた。その結果、美和さんは中学卒業と同時に希望の高校への進学がかなった。

美和さんの母親は日本語を習得しないまま高齢になった。どこに行くにも美和さんの援助が必要である。子どもには学校という長期の学習機会が得られるが、親や祖父母世代にあたる残留孤児、残留婦人等は学習や交流の機会に子どもほどには恵まれず、日本社会への適応が順調にいかないケースが多い。

行政や学校の果たす役割の重要性を改めて示唆するライフストーリーである。定着地の自治体や学校に中国帰国子女に対する教育政策がなかったこと、地域支援の担い手がいなかったこと、学校の受け入れ態勢が整備されていなかったことなどが美和さん親子を苦しめた原因であった。

中国帰国子女とは、村にとってどのような存在か？

村にとって「中国帰国子女」とは、どのような存在だったのだろうか。

ひとつには村や学校、子どもたちが教育というものを真剣に考える機会をもたらしたことが挙げられる。

一九八〇年代初頭、中国帰国子女教育に取り組んだ泰阜南中学校の吉原栄治校長は「実践の中から、実に貴重な教育のあり方を教えてもらった。それは〝生きたことば〟への開眼であり、教育課程の見直しにつながる方向であった」と述べている［吉原、一九八四、一〇二］。

「満洲移民の村」としての責任と平和への希求から、国に先駆けて行なった中国帰国子女教育の取り組みは、日本各地で増加している外国人子弟の教育問題に対して大きな示唆に富むものである。

二つ目に、歴史を忘れず後世に伝えることの大切さを私たちに教えてくれる存在といえる。戦前に中国へ新天地を求めて渡った親・祖父母たちの不屈の意志が、今まさに泰阜の地に受け継がれようとしているのではないかと、当時の中学校の校長先生は述べている［吉原、一九八四、一〇二］。

三つ目には日本と中国を結ぶ国際交流の芽をもたらしたことである。中国帰国子女という若芽が泰阜村で育まれ、やがて大樹となって「友好」の葉を豊かに、大きく伸ばそうとしている。中国帰国子女の前途が明るい希望に満ち、限りなく幸せなものであることを願うと同時に、村の子どもたちや全ての国民がかけがえのない一生を台無しにされることのないよう、わたしたち一人ひとりが平和な社会を守り続ける努力を怠ってはならない。

子どもの全体像をとらえよう

中国帰国子女への日本語教育では、ことばの習得段階と学校の教科内容が合致していることが重要である。日本語学習を教科学習に生かすことができるからである。

次に、在籍学級と特別学級（取り出し授業）の授業が連繋していることも重要である。特別学級で学んだ日本語を在籍学級で生かせることで知識が定着し、より日本語習得が促進されると考えられる。

さらに小学校と中学校の教育につながりをもたせることも重要である。小学校と中学校の教育が分断され小中学校の授業内容につながりがないと、中国帰国子女の学習面のみならず心理面に与える影響は大きい。教師にとっても小中学校の授業連繋は効果的である。子女の既習内容や日本語能力を把握し適切な教育を行なうための準備をすることができる。

また、中国帰国子女が心理面や情緒面での安定を得るためには、家庭における親子のコミュニケーションと、学校におけるきめ細やかな教育の両方が充分に満たされなければならない。学力のみを重視するのではなく、子どもの全体像をとらえることが重要である。

編入学年については、入級学年が自分の年齢より低い児童生徒と同じ場合、注意深く見守り、多少でも学力があがれば、上の学年に変えるように配慮する。なぜなら、学力上昇にもかかわらず、依然として自分より年齢の低い児童生徒と学ぶことは、中国帰国子女に恥ずかしい思いをさせることになり、そのことが向上心や意欲をそいでしまうことがあるからである。学力の実態に応じた学年への移行措置をこまめに行なう必要がある。中国帰国子女が学校生活に溶け込めるかどうかは、教師や一般児童生徒の対応にかかっているといってもよいだろう。

表16　中国帰国子女教育の始まり（筆者作成）

1973年	小学校に特別学級開設される
1974年	中学校に特別学級開設される
1975年	社会学級が開設される（中国帰国子女の家族全員を対象とする）
	泰阜南小学校文部省研究協力校指定
	（1975-82年度）
1976年	引揚者社会学級打ち合わせ会が開かれる
	（指導内容の報告と反省会）
	泰阜南中学校文部省研究協力校指定
	（1976-89年度）

表17　中国帰国子女数［昭和48（1973）年度～平成15（2003）年度］
（泰阜村教育委員会資料をもとに、筆者作成）

	泰阜南小学校	泰阜南中学校（人）
昭和48-50年度	16	0
昭和51-59年度	64	57
昭和60-63年度	0	11
平成 元-10年度	15	31
平成11-15年度	0	7
合計	95	106

注

（1）新学制により、泰阜村立泰阜南中学校として昭和二十二年四月七日に開校された［泰阜村誌下巻、三三〇］。開校時職員六名、生徒一一四名であった［泰阜南中学校（一九九三）『閉校記念誌泰阜南中学校四十六年の歴史』、二一］。現在は泰阜南中学校と北中学校が統合され、「泰阜中学校」となっている。

（2）「昭和二十八年組」とは、泰阜村に引揚げてきた人たちの中で、一九五三年の後期集団引揚げで帰ってきた人たちのことをいう。終戦後の一九四六年五月から始まった集団引揚げは、四九年までの前期集団引揚げと五三年から五八年の後期集団引揚げとに分かれる。後期集団引揚げの終了により、中国残留日本人のほとんどが日本へ帰国する手段を失い、中国に留まらざるをえなかった。一九五九年の「未帰還者に関する特別措置法」の交付に伴い、死亡宣告され、戸籍が抹消された中国残留日本人も少なくない。

（3）普段の授業から、別教室に生徒を移し個別に授業すること。そうすることで学習効果があがるとされる。

（4）長野県下伊那郡泰阜村立泰阜南小学校（一九八三）『中国帰国子女教育十年のあゆみ』三頁に当時の校長が記したことばである。「磨き合い」とは、同誌によれば「帰国子女が他の児童とともに過ごすなかで個性の伸長と、より豊かな人間形成をはかる」ことである。

（5）「交流教育」は障がい児教育の分野で使われる概念である。障がいのある児童生徒に対して、障がいのない人たちとのさまざまな社会体験を通して、豊かな人間形成をはかる教育活動をいう。本書で述べる「交流教育」は、「広範な社会における人間関係をとらえ、生活者としての人間と人間の交わりを重視し、相互に深く洞察し、ともに学びあう教育活動としての日本語教育」を意味する。

第Ⅲ部　就学生と帰国子女の比較から

1　地域日本語教育と学校教育の併用型

言語を学ぶ順序の違い

教科の学習では、独特のことばや専門用語が多い。日常会話には不自由しなくても、学校の授業についていけない子どものケースは少なくない。佐久間［二〇〇九］によれば、二〇〇六年度より日本語教育を必要とする児童・生徒をカウントする際、学習言語能力を考慮することになり、日常生活言語だけではなく、学習言語をも考慮することになった［佐久間、二〇〇九、八〇］。これにより、日本で生活する就学齢の日本語教育を必要とする子どもの数は増加すると考えられる。そこで、中国人就学生と中国帰国子女が生活言語と学習言語をどのように体験していくのかを比較してみたい。

中国人就学生は、テキストに書かれた日本語やCD・テープに吹き込まれた日本語教材による学習から出発する。中国人就学生と中国帰国子女の両者では日本語学習方法がスタート時点から異なる。中国帰国子女はまず家族と共に定着地の生活の中から「生活言語」を学び始め、続いて学校での教科学習に必要な「学習言語」を学ぶ。また中国帰国子女は地域における生活体験の現場から日本語教育が出発している。したがって、地域住民と同じ言語（泰阜村のことば）を同じ状況場面を共有しながら習得していった。自分の生活現場で村民が使用する日本語を教育現場（村民からの日本語指導）でも学んだのである。つまり、学習した日本語をそのまま自分の生活に生かすことが可能であった。

これに対して中国人就学生は、単身での来日で地域とのつながりがないまま、日本語学校でテキストに沿った日本語学習からスタートし、アルバイト生活の中で次第に「生活言語」を学ぶことが多い。

このように両者は日本語を学ぶ方法も順序も異なる。ことばの意味を正しく理解するには、日本社会や日本文化の知識がないと難しい。教育機関内のみの学習機会しか与えられず、生活とともに言語を学ぶ機会がなければ、言語の意味を理解できずに困ることも多い。たとえば、「明日、みんなで花見をしようよ」という文例では、次の知識が必要となる。「花見」が公園や寺・神社等へ桜を見に行くことであり、友人や家族と満開の桜を見ながら飲食をし宴会を催すなど楽しみを伴う行事を表現していることである。そして「花見」の「花」は日本では「桜」を指すことである。桜が満開を迎える頃に村民と花見をした経験がある中国帰国子女は、「明日、みんなで花見をしようよ」という文例を理解できる。子女には学校で言語を学ぶより先に、村での「生活」が始まっているからである。外国人に日本社会や日本文化についての知識を与えることは、言語理解には不可欠である。四季折々の行事や習慣を、機会をとらえては教える必要がある。

中国人就学生が生活する地域のことば（方言を含む）や日本に生活している間に出会う日本人の話す日本語と、日本語学校で学ぶ日本語とでは、語順、イントネーション、アクセント、話すスピード、使用語彙等の異なる場合が多い。実際の会話場面との乖離を感じている就学生も多い。また日本語学校で、教師は就学生に対しては日本人に対するのとは異なる話し方をする。つまり、就学生がよくわかるようにゆっくりと大きな声で、標準語に準じた日本語を明瞭に話す配慮をしている。就学生にとっては、教師が日本語学校で自分たちに話す日本語は、日常的に接する日本人が話す日本語とは異質に聞こえることもある。就学生は、日本語学校の教師の話す日本語は理解できるが、街で聞く日本人の日本語は理解できないという状況に陥る。日本語学校で学んだ日本語が実際の日本人の会話場面で使用される日本語とは、速度や声の大きさにかなりの違いがあることに気づくのである。

日本語の話しことばでは述語が文末にあれば、あとの語順はかなり自由である。ある学生は「わたしは、今日、学校を休む。」と言い、またある学生は「今日、わたしは、学校を休む。」と言う。「学校を今日は休む、わたし。」という語順も使用されている。このように話しことばは、それを使用する人間や相手との関係、使用場面によって語順が異なる。ところが、中国人就学生が日本語テキストから学ぶ話しことばは、語順が決められている。テキストに書かれている日本語モデル文やCD・テープなどからわかるように、テキストの使用目的と日本語能力レベルにより、決められた語順になっており、その語順どおりに就学生全員が同じ語順のモデル文を学習する。モデル文から基本的な文型を学び、次第に応用できるようになるまで順序だてて学ぶ。

実際の場面では、同じ意味内容を話す場合でも語順は人によって多少異なる。就学生追跡調査の聞き取り（I部「中国人就学生と日本語学校」）から明らかなように、就学生（追跡調査時には大学一年生）は「日本人が話すようにキャーキャーと高い声を出して話すことはできない。いつも落ち着いた話し方になる」と回答している。日本語学校でおよそ二年間、かれらはテキストに書かれたモデル文やCD・テープに吹き込まれた会話例を覚えこむからである。それらには、スタンダードな日本人のアナウンスが流れ、若者の談話や甲高い声のアナウンスは含まれていない。日本語学校は、基本文型から順に段階を踏んで日本語を教え、実際の会話運用ができるまでの基礎固めをする役割を担っている。

地域に根づいたことば

中国帰国子女に対する泰阜村立小中学校の日本語指導は、「実物体験型」であるのに対し、中国人就学生に対する日本語学校の指導は「テキスト中心型」である。

たとえば、泰阜村立小中学校教師は中国帰国子女に名詞を覚えさせるのに、身近にある品物の名称を習得させることから始めた。直接目で見、手で触れた品物の名称を話しことば・書きことばの両面から習得させる方法をとった。自分が実際に目で見たもの・触れたものは知識として定着しやすい。日本語学習者に品物を手で触れさせながら、教師が日本語の名詞（品物の名前）を提示する方法である。

「茶わん」の学習を例に、「実物体験型」の指導をみよう。教師が「茶わん」を持って学習者に提示しながら、「ちゃわん」と声に出させる練習を行なう。次に、学習者に茶わんを持たせて形を確認させる。茶わんの用途を動作化（茶わんと箸を持って、ご飯を食べる動作等）して教える。その後に「茶わん」という名詞を板書して学習者に読ませるとともに、ノートにも書かせる。このように初期段階では品物の名称、すなわち「名詞」の習得に中心が置かれた。生活する中で、名詞を覚えていれば他の品詞の習得に生かせると考えたのである。したがって中国帰国子女に対する教師は、自らの創意工夫を生かした授業を構築することが可能であった。教師の授業構築に対する自由度が高いといえる。泰阜村の事例から、言語指導は生活指導と切り離さず一体化することにより効果が認められることがわかった。

一方、日本語学校における中国人就学生への日本語指導法はテキストに沿って規則正しく進められる。文法事項を教えながら音読と内容読解を中心とした指導が行なわれる。テキストがあらかじめ決められているため就学生は予習が可能である。定期的な試験問題はテキストの中から出題される。テキストの内容が学習項目すべてといっても過言ではない。テキストから逸脱してほかの学習をさせることはあまり見られない。教師の創意工夫が入り込む余地は少ない。教師の授業構築に対する自由度が低いといえる。地域に特有なことばではなく、標準語を教える。日本語学校は、一年半から二年間という限定された期間内に就学生を大学に合格させることが目的である。

泰皐村で村民が話す日本語は泰皐村に根づいた「泰皐方言」である。泰皐村では、中国帰国子女に生活体験にもとづくことばの指導を実践し、それは子女と家族に「村民」としての意識をもたせる役割を果たした。

これまで述べてきたように、中国人就学生と中国帰国子女とでは、生活および社会的・歴史的背景の相違が日本語習得における日本語教育方法の相違につながっている。すなわち、中国帰国子女は日本に定住し中国から一緒に渡日した「家族とともに暮らす児童生徒」という特徴をもっている。この生活からいえることは、定住のために必要な日本語を習得し、学校の日本人児童生徒や定着地の住民との対話力・コミュニケーション能力を身につけなければならないということである。そのような能力を定住生活の中で地域住民や学校教師・児童生徒等日本人から生《なま》の話しことばを聴くことで獲得していった。日本語教育の担い手は、泰皐村の場合、同じ村に居住する役場職員、保健師、小中学校教師、村民である。

そのため、日本語教育専門家が行なう手順や方法に依らず、担い手自らがそれぞれ創意工夫を行ない日本語指導を実践した。いわば、現場の実体験にもとづく融通のきく方法である。小中学校に編入学後は、学校教師が日本語指導と教科の学習を行なう。

このように「地域日本語教育と学校教育の併用型」が泰皐村の中国帰国子女教育の特徴といえる。これに比べ、中国人就学生は「日本語学校教育型」で、地域日本語教育および文部科学省管轄の学校教育の枠外に置かれている。就学生は、地域ボランティアや小中高校教師に日本語教育および教科の指導を受けることはない。

中国帰国子女は村に定住する目的で家族に連れられての渡日であるため、家族全員の日本語教育を必要とした。この点で就学生とは日本での生活環境を異にする。中国帰国子女は学校教育の中で日本語指導を受けることができきたために、一般的に親より日本語習得が早い。

一方、中国人就学生の場合は家族から離れて単身で来日し、およそ一年半から二年間の日本語学校生活を送る滞在者である。日本語学校で寮や一般アパートなど住居を斡旋してもらい、大学進学という明確な目的をもち、進学予備教育を受ける。生活面で困ったときや相談事は中国にいる親に中国語で電話をかけて話すことで解決をはかっている。中国人就学生にとっての親は、日本と中国とで離れて暮らしていても、何でも相談できる頼りになる存在である。中国で暮らす親のほとんどは、日本語を話せないために、中国に帰国すれば親と同じ中国語での生活になる。中国人就学生は、日本語学校でも授業時間以外は中国人の友人と中国語で話すことが多い。

中国帰国子女は家族を介在させながら日本社会に溶け込んでいくこともできる。中国人就学生には家族のような役割を果たす介在者がいないために、日本社会に溶け込むことはほとんどない状態である。

これまで述べてきたように、中国人就学生と中国帰国子女は、滞在と定住、単身と家族連れという生活背景の相違がある。しかし、相違点はそれだけではない。就学生は中国帰国子女と違い、比較的短期間に日本語学校を卒業し「大学生」になることを求められる。就学生が地域日本語教育および文部科学省管轄の学校教育の枠外に置かれているのは、日本社会における身分が安定していないことに起因する。したがって「就学生」という不安定な身分に置かれている現状に目を向け、就学生がどのような支援を必要としているのかを日本語学校だけではなく、地域社会全体で考えていかなくてはならないだろう。

日本語習得の前提が違う

中国人就学生は日本への永住希望が僅かにはあるものの、一般的には「中国へ戻る」ことを前提に、日本の高等教育機関（大学院・短期大学・専門学校等）進学のために来日した滞在者である。「中国へ戻る」から日本語を習得する必要がないのではなく、中国人就学生は「中国へ戻り日本語のスキルを生かした職業に就きたいから」日本語習得に励むのである。

一方、中国帰国子女は一般的に「中国へ戻らない」ことを前提に、親とともに日本へ渡ってきた移民である。したがって「定住生活を日本語で営むことができるよう」に日本語習得に励む。

両者は、日本での「生活者としての外国人」という点では同じであるが日本語学習の目的が異なる。それは大学受験を目指した進学予備教育としての中国人就学生教育と、生活に役立つ日本語の習得を目指し、相手との対話力・コミュニケーション能力を意識し口頭表現を重要視した中国帰国子女教育の相違といえる。就学生はあくまでも「大学生になること」を前提とし日本語学習を行なう。

さらに同じ中国で生まれたとはいえ、両親のどちらも中国人である就学生と中国残留日本人の子・孫である中国帰国子女の違いは、日本の受け入れ担当管轄の違い（法務省・厚生労働省）、行政の地域支援のありようが大きく異なるという結果を生み出した。それだけではなく、日本語教育の担い手、学習目標、学習形態、家族への支援、地域社会との関係、アイデンティティの面で相違する。その違いを表にまとめた。

表1からわかるように、名古屋市の中国人就学生と泰阜村の中国帰国子女を比較すると、担い手、学習目標、家族に対する支援、教育目的等多くの項目で違いが見られる。これらの相違点に着目し、在日外国人の生活に適合した支援体制と言語教育のあり方を考えなくてはならない。

たとえば外国人であっても、家族を伴っての渡日であれば、泰阜村の学校が行なったような社会学級の取り組みも参考になる。本人と家族を別にするのではなく、家族全員の生活支援・日本語支援が必要である。また外国人の日本語学習目的が「進学」であれば、進学情報を提供し受験に向けた学習支援、働く場を求める外国人には

表1　名古屋市居住中国人就学生への日本語指導と泰阜村の中国子女教育（筆者作成）

	中国人就学生（名古屋市）	中国帰国子女（泰阜村）
担い手	日本語学校講師	学校教師 行政側（村役場職員 保健師・事務員・村民）
日本語学習目標	進学のための技能を つける	生活のための日本語習得
主な学習形態	クラス活動 教師１人に多数の学生	取り出し（マンツーマン） 特別学級と普通学級
家族への支援	特になし（単身での渡日のため）	家族全員への日本語指導
教育目的	大学受験（進学予備教育）	適応のため・生活のための 日本語教育

表2　フィールドに見る社会的・歴史的背景と日本語教育の担い手（筆者作成）

	中国人就学生	中国帰国子女
背景	日本の高等教育機関へ の進学目的（自発的移動）	親・祖父母は中国帰国者。 親に伴う渡日 （非自発的移動）
日本での生活	数年間の滞在（一般的） 永住権取得者も存在	定住

就労支援が必要である。

外国人が日本でどのような生活を送るのか、その「生活」を見据えた支援体制を地方自治体・学校・地域住民が連携して整備し、支援の担い手を充分に確保するように努めなければならないであろう。

泰阜村の中国帰国子女の場合、「帰ってきた日本人の子どもと孫」という位置づけがなされ、官・学・民連携のもとに「村ぐるみ」の支援が行なわれた。この場合、日本語教育の担い手と日本語学習者（中国帰国子女）は同じ地域の住民である。したがって中国帰国子女は、地域密着型指導のもとに地域で「生活するための日本語」を学習した点において、「進学予備教育」を受けた就学生と相違している。

支援担い手の類型

これまで述べてきた中国人就学生と中国帰国子

表3　支援担い手の5類型（筆者作成）

	類型	代表例
組織	①行政主導組織活動型	泰阜村役場の社会学級開設と中国帰国子女家族への日本語教育の取り組み
	②大学内組織的活動型	大学内の留学生支援センターによる組織的な学習支援および生活支援
組織内個人	③組織内キーパーソンの組織目的活動型	泰阜村の保健師による中国残留者帰国促進運動・定着自立支援
		名古屋市にある日本語学校中国人職員の中国語による入校手続きおよび生活支援
個人	④地域住民の自主自由個人活動型	泰阜村の村民による自主的な生活支援・学習支援
	⑤同国人親族・友人の個人活動型	先に日本で生活している中国人親族・友人による日本語学校生への生活支援

女への支援の担い手に着目し、類型化を試みた。両者への日本国内における支援の担い手は表で示した五類型に区分される。

2 相違点と共通点――日本社会への受け入れを中心に

「中国帰国者」（子女の親・祖父母世代）が、就学生をはじめ在日外国人と異なる点は、かれらが国費帰国者の場合、政府の援護対象者ということである。国費で帰国し、研修（生活面・日本語教育）が施され、公営住宅や身元引受人が斡旋される。そのほか、日常生活の指導・助言やことばの指導を行なう自立指導員や就学・就職相談を引き受ける生活相談員等の世話を受ける。

次に、中国帰国者は「日本定住」が特徴である。「中国帰国者」の大部分は出稼ぎ型の短期滞在ではなく、永住が目的である。日本の地域社会に分散して居住しているが、身元引受人のいる地域に定着することが多い。帰国後、しばらくは生活面での援助が必要であり、住宅も確保しなければならない。分散して定住させる方針があったため、全国の県庁所在地を中心に定着地斡旋が行なわれてきた。また、一次センター（所沢の中国帰国者定着促進センター）で、孤児に面会した身元引受人の話によると、かれらは帰国当初、東京や大阪、名古屋などの大都市への定着を希望する傾向が見られる。

さらに中国帰国者には「中国残留邦人等の円滑な帰国の促進及び永住帰国後の自立の支援に関する法律」（二〇〇七年十二月五日公布）により、国からの経済的な支援があるのも特徴である。国民年金の特例等の対象である中国残留邦人について、世帯収入が一定の基準に満たない場合は、老齢基礎年金による対応を補完する支援給付が行なわれる。また職が得られない帰国者や高齢、病気等で働けない帰国者は生活保護を受ける。中国帰国者定着促進センター、自立研修センター、中国帰国者支援・交流センター等の公的機関による日本語教育も、これまで一定期間なされてきた。日本に定着後、安定した生活の見込みが立ったところで帰国者は中国の家族を呼び寄せる。一九九九年十二月二十二日施行の「中国残留邦人等の円滑な帰国の促進及び永住帰国後の自立の支援に関する法律」第九条で「国及び地方公共団体は、永住帰国した中国残留邦人等及びその親族等の居住の安定を図るため、公営住宅等の供給の促進のために必要な施策を講ずるものとする」と謳っているように、国および地方公共団体は中国帰国者に対し住宅の供給を促進する施策を講じることになっている。

泰阜村に居住する中国帰国子女の場合、かれらと村民は同じ村で生活を共有する「運命共同体」であるが、中国人就学生には日本社会においてそのような新しい共同体は、なかなか構築されないことも大きな相違点であろう。

中国人就学生は、日本語を学び日本の高等教育機関（大学・大学院）に進学するという明確な目的をもっての渡日である。日本で学歴を身につけ、中国社会における地位のステップアップをはかろうとする者が多い。いわば自発的な渡日といえよう。

中国人就学生に対する教育の担い手は日本語学校教師のみである。教師は日本語学校や就学生と同じ地域の住民とは限らない。日本語教育を専門とするプロ集団である。泰阜村の中国帰国子女はいわば地域日本語教育のもとでのボランティアからの日本語指導と公立学校教育のもとでの学校教師からの日本語指導および教科の学習指導を併用して受ける。これに対して、中国人就学生は地域日本語教育や公立学校教育の枠外に置かれ、もっぱら日本語学校で日本語指導を受ける。

中国帰国者は地域の公営住宅やアパートに、一家族単位かあるいは数家族といった少数派として暮らしており、「中国帰国者」が集団として行動することはあまり見られない。組織の発達も認められない。

中国帰国者の渡日目的は、一世が「祖国への帰国」という明確な目的をもっているのに対し、家族に連れられて渡日した二世・三世は、明確な目的をもっているわけではない。その点で、「進学」という明確な目的をもって渡日した中国人就学生と異なる。中国帰国子女は就学生のように自発的に渡日したわけではない。「親のせいで日本での生活を余儀なくされた」と思い悩む子女も少なくない。このような親子間の目的意識のギャップは、定住生活を送るうえで大きな問題となっている。

コミュニティ・ネットワークと受け入れ体制

中国帰国者や就学生と地方自治体との関係について見てみよう。

県や市など地方自治体主催の防災関連の講習会に外国人は招かれるが、「中国帰国者」の場合は自らそれらの情報をキャッチして参加する以外に、参加する方法はない。なぜなら、地方自治体の「国際課」、「国際交流課」等が在日外国人を対象として外国人の防災意識を高めることを目的として実施しているからである。「中国帰国者」は外国人の範疇に入らない。

たとえば地方自治体の外国人懇談会や集会、県知事・市長との車座懇談会等でも、外国人は招かれるが、「中国帰国者」の参加は考慮に入れられない。たとえ中国籍の帰国者がいても参加通知が来ることはない。中国帰国者と外国人とでは行政の担当窓口が異なり、外国人対象の行事に「中国帰国者」の参加は考慮されていないからである。

しかし、「中国帰国者」の側からみれば、職業安定所では、外国人窓口に案内され、住居探しでは、「外国人」とみなされ、入居を断られる。ここでも「中国帰国者」の「あいまい」な身分が浮かび上がる。自分たちは日本における「外国人」なのか、それとも帰ってきた「日本人」なのか。行政の対応があいまいで一貫性がないために、かれらの帰属は問題が生じる度に、「外国人」と「日本人」との狭間で揺れ動くことになる。

日本における中国帰国者のエスニシティを自覚する経験は、自らを「異国人」であり、文化の異なる民族だと認識することにほかならない。中国帰国者の場合は、定住を前提としており、人数も多くはないので、本来なら行政は、長期的展望に立って政策を考えられるはずである。

「中国帰国者」の職探しにおいては、帰国者自らが積極的に会社訪問して採用企業を探す場合もあるが、身元引受人が就職の斡旋をすることが多い。中国帰国者の多くは、日常生活において接点を有する身元引受人や日本語ボランティアなどの人脈に依存して就職する。

ほとんどの残留婦人は日本語が話せるために、いち早く日本社会に適応し、就職していることも多い。そのため、帰国者は就職の際に残留婦人を頼るケースが少なくない。

中国人就学生の場合も、外国人懇談会や集会、会議など開催されても地方自治体から通知や招待が来ることはない。かれらは居住地区の町内・自治会活動にも参加していない。中国人就学生の生活に関してはもっぱら日本語学校に一任された形になっており、地方自治体や地域住民からは姿が見えない存在である。

中国人就学生は、日本でのアルバイト探しには先に来日した親族、先輩、友人、同郷出身者に頼ることもあるが、自ら募集広告を見て応募することが多い。かれらは日本の家賃を高額であると感じており、中国人就学生のほとんどはアパートの一室を二人あるいは三人でシェアしている。

中国人就学生は、アパート入居に際して必要な保証人を、アルバイト先で構築した人間関係を中心に探し、保証人を依頼することもある。ある中国人就学生（二十二歳、女性）は、アルバイト先のコンビニ店で店長を務める日本人男性に保証人を依頼していた。アパート入居に際しての公的支援は見あたらないが、日本人個人が「保証人」という形態で就学生を支え、住居探しのサポートをしていた。就学生は「店長のおかげで、アパートに住むことができる」と、店長に感謝の気持ちを寄せている。このように就学生がアルバイト先の日本人と信頼関係を構築できるケースもある。

ここまでの調査結果をふまえ、中国人就学生と中国帰国者（中国帰国子女を含む）の共通点をまとめると、およそ次のようになるだろう。

中国人就学生と中国帰国子女の生活面・学習面の共通点

①日本語を習得しなければ来日目的・自己実現を果たすことが困難である。

②集団組織をつくって行動することはあまりない。

③社会的ネットワークは希薄である。困ったときに相談する組織をもっていない。

④県や市などの地方自治体主催の防災関連の講習会への出席要請がない。定住外国人は地方自治体から招かれるが、中国人就学生と中国帰国者ともにその枠外として扱われている。

⑤日本社会の受容と排除、ダブル・バインド（受け入れられたかと思い、近づくと拒否されるような）状況下にある。日本政府は中国帰国者の帰国促進や中国人就・留学生の受け入れ策を取りながら、肝心の受け入れ体制や生活環境の整備がなされていない。

言語的マイノリティと地域社会

中国帰国者について、中国人就学生にはない言語的特徴をまとめてみる。続いて、中国人就学生の日本社会における現状を述べる。

①中国帰国者は、日本社会に定住するごくわずかの人たちである。終戦当時十三歳以上であった残留婦人は、日本に帰国後日本語を思い出して使用している。不完全ではあるが、日本人との意志疎通に支障がないケースが多い。それに比べ、日本語学習機会に乏しかった中国残留孤児は日本語を習得しないまま帰国してきた。そのため、日本語習得が困難である。

②中国帰国者の中国人配偶者は、中国語が母語であり、日本語は話すことができない。

③中国帰国子女については、国費で同伴帰国できるのは、一世帯のみとなっている。後からの「呼び寄せ」家族に対する日本語学習支援は、地方自治体の施策、地域社会の受け入れ方により異なる。

高齢の中国帰国者は、ことばや生活習慣の違いから社会的自立が難しくなる。日本社会で生活しながら長期にわたる学習機会をもつことが地域社会からの孤立を防ぐためにも必要である。

中国帰国者の地域生活にあたっては、さまざまな支援が行なわれるようになってきた。たとえば日本語習得にあたっては、中国帰国者支援・交流センターが教室活動だけでなく、遠隔地に居住する帰国者向けに通信教育を実施するなど多彩なプログラムを開設し、帰国者が受講しやすくなった。そのねらいは、帰国者が長期にわたり日本語学習を行なうことにある。

次に、ある中国残留婦人の事例を挙げ、中国帰国者と地域社会との関係性について述べる。筆者がインタビューした中国残留婦人、安達よし子（仮名）さん(1)は、中国において中国人の夫を亡くし、今から十五年前、六十五歳のときに帰国した身元判明の残留婦人である。身元引き受けが順調に行なわれ、地方の母村（生まれ故郷）に定着した。自分に伴って帰国した息子や孫のことを次のように語っている。

息子や孫は、いずれは中国に帰るんじゃないの。ここにおってもしようがないじゃない。他に仕事ないし……。だけど、わたしは知らない。

よし子さんにとっての「日本帰国」は、祖国への帰国を意味している。懐かしい日本に帰りたくてたまらず、やっとの思いで帰ってきた。日本に帰国後、日本語を思い出しながら使用している。地域の人たちとの意思疎通に支障はない。

一方、彼女の息子、その妻、子どもにとって、ことばもわからない「日本」はまったくの異国である。よし子さんに連れられての異文化圏への消極的移住と考えられる。中国では一般に家族の連帯意識が強く、子どもは親のいうことに従い、互いに助け合うことが当たり前とされる。そのため家族ぐるみの帰国になることが多い。

日本での日常生活に対しては、残留婦人よし子さんが何十年ものブランクにもかかわらず、スムーズに適応していったのに対し、息子夫婦と子どもの適応は難しかった。日本社会への適応力に大きな影響を与えるのがことばである。日本語能力の有無は家族間の力関係にも影響する。日本語ができる者が家族の中で主導権を握ることが少なくない。

よし子さんは、定着地で近隣の人たちとの交流関係に満足している。残留婦人の中で、日本人と付き合いがあり、生き生きと暮らす者はそう多くはない。よし子さんが身元判明の残留婦人で、出生地に受け入れられたことが大きく関係している。定着地には幼馴染みが健在で、幼い頃の彼女をよく知っており、帰国後まもなく付き合いが始まった。こうした交流が彼女の定着意欲を高めた。

しかし、よし子さんの家族は、村に誰ひとり知り合いはない。食べ物も違い、ことばも全然わからないために中国への望郷の思いが強くなった。地域住民との交流が大切になったよし子さんと息子家族とは、次第に心が離れていくことは容易に推察できる。よし子さんにとって「居心地の良い日本」は、他の家族にとって居心地の悪い場所となってしまう。それは、懐かしい日本への「帰国」のよし子さんと、中国から日本という異文化圏への「移住」家族との立場の相違であるといえよう。

定着地での居心地の悪さに、中国への郷愁が募るばかりで、中国に戻ることを考え始めた帰国者も少なからず存在する(2)。日本への望郷の念から帰国したよし子さんと同じように、よし子さんの息子夫婦やその子どもには中国への望郷の念がある。それが日本国籍を取得せず中国籍のままでいる理由のひとつでもある。息子夫婦は地域の一員としての積極的な参加を望んでいない。

よし子さんの家族の事例からわかるように、中国帰国者はたとえ同じ家族であっても帰国目的・国籍・日本社会への適応力・日本語能力等がそれぞれ異なるのが特徴である。

一方、中国人就学生は日本の高等教育機関への進学目的に向けて、渡日前に日本語学校に入学可能な日本語能力を身につける。いわば、すぐに日本での生活や日本語学習が始められる準備を整えて渡日する。地域で生活するにもかかわらず中国人就学生に対する支援は国・地方自治体ともにまったくないといってよい状態である。国や地方自治体は就学生の支援を日本語学校任せにしてきた。学習面での支援に関しては、日本語学校開校時間内であれば日本語教師から受けることができる。しかし、それ以外の学習支援・生活支援は日本人個人がアパートの保証人になるケースがあるくらいである。日本語学校と国・地方自治体とのつながりがないために中国人就学生は地域住民にとって見えない存在になっている。

受け入れ支援策

中国人就学生の在留管理は「法務省」、中国人就学生が学ぶ日本語学校の認定機関は「財団法人日本語教育振興協会」（文部科学省、法務省及び外務省各大臣の設立許可を受け、その指導と援助を受けて運営を行なっている）、日本語学校を卒業し大学に入学すると、教育は「文部科学省」の管轄になるが在留管理は法務省である。一方、中国帰国子女が定着地の公立小中学校に編入学すると、教育に関しては「文部科学省」の管轄、親・祖父母世代の中国残留日本人への支援に関する管轄は「厚生労働省」である。

泰阜村に関しては、村が一九三八年に満洲分村をつくり村民を満洲へ送出する決定をくだしたことへの責任を、現在も負い続けている。村民の多くは「満洲に開拓団として村が村民を送出し、多くの犠牲者を出してしまった」と語る。満洲開拓という国策にのってしまった悔悟の念と満洲移民という村の歴史を村役場と村民が共有してきた。泰阜村は周辺の村と異なり、村として中国帰国者に独自の支援を行なってきた。村は満洲へ村民を送出した責任主体として、泰阜村出身の中国残留者の帰国を積極的に支援した。

続いて、日本語学校について述べよう。日本語学校ではクラス全員が同じ教材での一斉学習であるために、授業についていけない就学生も存在する。中国人就学生の多くは大学に進学し四年間の学業の後、大学院へ進学する者、就職する者、帰国する者に分かれる。就学生には中国帰国子女に対するような長期展望ではなく、即効力

表4　管轄（担当窓口）はどこ？

対象	管轄
中国人就学生の在留管理	法務省
中国人就学生が学ぶ日本語学校	（財）日本語教育振興協会
就学生が日本語学校を卒業し入学した大学	文部科学省
中国帰国子女が編入学した公立小中学校	文部科学省
親・祖父母世代の中国残留日本人への援護	厚生労働省

のある生活支援や日本語学習支援が必要である。この観点から地方自治体・日本語学校・地域住民の連携支援策が考えられなくてはならない。同じ「生活者としての外国人」であっても、日本での生活期間や生活目的によって異なる支援策をとるべきである。

中国人就学生は中国において一定レベルの日本語能力を身につけてから来日する。大学進学という目的を達成するまで中国に戻ることは考えていない。生活者としての外国人の中でも、「受験生としての外国人」という特別な存在である。

中国人就学生と中国帰国子女とは社会的・歴史的背景、「単身」による滞在か「家族」を伴う移住か、学習する日本語教育機関、教育の方法、担い手、地方自治体の支援体制等多くの相違点がある。

また、泰阜村の事例からわかったことは、言語指導にあたっては生活指導と切り離さず、一体化することにより効果が認められるということである。さらに泰阜村の中国帰国子女教育は、国ではなく地方自治体（村）主導であった点も重要である。

就学生には居住地の地域支援もない状態が長く続いている。調査結果に表れたように、中国人就学生は日本人との交流を希望し、その交流に役立つ日本語を学びたいと考えている。その希望が叶えられないまま、日本語学校とアルバイト先と住まいのトライアングル内で日常生活を送っている。就学生をはじめ外国人の生活支援・学習支援には、かれらが安心して生活できる環境づくりの基盤として、地域住民・自治体等の「地域力」の活用が重要であろう。

まとめ

これまで述べてきたことをまとめたい。

支援のタイミング

中国帰国子女の適応の段階は、親に連れられ帰国した直後の新鮮な気持ちから日本社会に早く適応しようと夢中になる「夢中期」、帰国直後の混乱と緊張感が緩み、学校生活や対人関係に慣れるに従い不自由さが次から次へと気になりはじめ、次第に周りの環境に対する不満感がつのる「不満期」、こうするしか仕方がないという諦めに達する「諦観期」、その後学校生活に適応ができるようになり、目標をもって生き生きとした生活が送れるようになる「適応期」の四つに分けられる［泰阜南中学校、一九八九、一〇］。

夢中期では、学校生活に慣れることが大切なため、学校にすでに帰国子女がいる場合には、最初から交流させることが望ましい。諦観期から適応期に移行がスムーズに行くためには、子女のアイデンティティを十分に認めるような指導をしていくことが必要である。このような指導がなされない場合、不満期と諦観期を行ったり来たりする子女の存在が確認されている。

指導する教師側や村民の努力だけではなく中国帰国子女自らが、積極的に学校生活や村の生活にのぞみ、理解促進のために努力することもまた重要である。

授業の有機的連繫

本書では、幼児教育段階での日本語学習支援に関しては取り上げてこなかったが、外国籍および外国にルーツをもつ児童生徒に対しては、就学前の言語指導をはじめ、幼児期と就学期の連続性が必要であると考えている。外国人の子どもの場合、就学前の教育については放置されてきた部分がある。学校に入学する前の幼児教育段階での日本語学習支援を行なうことが日本語習得のスムーズな進行と就学期の学習支援につながることになる。

次に学校教育の試みを取り上げて考えてみることにしよう。初来日して日本語がまったくわからない児童生徒やしばらくぶりの来日で就学が困難な児童生徒、外国人学校からの転校生のための「初期指導教室」を設けている自治体がある。在籍学級（母学級）に入る前に、日本語初期指導や初期適応指導を行なうものである。たとえば、地方自治体の教育委員会が在籍学校に手続きを取ったうえで、日本語指導経験者や教員が三カ月から六カ月間、集中的に日本語を教える例が挙げられる。

学習者が中国帰国子女のような若者・子どもである場合は、言語教育の環境が「家庭」、「学校」、「高等教育機関」と移り変わることから、どの環境にあってもつながりをもった教育が必要である。児童生徒の在籍学級（母学級）と特別学級（取り出し）の授業が有機的連繫をもつことが重要である。ただ単なることばの指導だけでは、日本語学習者は何のために学習するのか、どのような場面で使用するのか、どのような意義があるのか理解しにくい。ことばの学習は単独で身につくものではなく、生活しながらあるいは他の教科を学習しながら覚えていくものだからである。

さらに、学校教師や日本語教師は日本語学習者との相互作用の中で、学習者がことばや文化を覚えていくための環境を整え、豊かな人間関係を築く努力をしなければならない。特に発達段階の子どもは、同年齢の一般児童生徒との交流を通じて社会性を身につけることが多いため、特別学級や初期指導教室での長期にわたる学習は望ましくない。常に子どもたちが互いの存在を意識し合い、同じクラスに帰属しているという仲間意識をもたせる工夫が必要である。そのためには、早い時期に在籍学級（母学級）で一般児童生徒と学習できるように配慮しなければならない。

中国から来た若者・子どもの場合、中国での教育歴、出身地、家庭環境などによる個人差を考え、画一的な指導ではなく、一人ひとりの学力や能力に応じた指導計画を立てる必要がある。しかも、その計画は固定的なものではなく、児童生徒や日本語学習者の成長に合わせて、柔軟に変えていくことが求められよう。

架橋する支援

続いて、中国人就学生について考えてみたい。中国人就学生は日本語学校で一定のカリキュラムのもとで、テキストに沿った授業を受ける。指導法や教材は担当する日本語教師にほぼ委ねられている。中国人就学生にとっての来日目的は高等教育機関への進学であるために、学習成績の確保は最大の関心事である。

中国人就学生の追跡調査から確認されたように、大学に入学すると専門分野の知識のなさから、期末試験にストレスを感じるようになる。日本語学校では進学予備教育としての日本語教育を行なっている。高等教育機関合格後の大学教育とのつながりはない。

日本語学校では、専門の学問的な知識を身につける授業が展開されているわけではない。日本語学校での二年間のうち、最終学年の二年生で大学に合格し進学先が決定した就学生は、学習準備として進学先の学部・専攻に合わせた専門学術書や論文を読む練習を行なう必要がある。その一方で、就学生が進学する高等教育機関においても留学生教育の充実がはかられなければならない。

続いて日本語学校に入学せず、大学・大学院・専門学校を受験する場合についても考えてみよう。大学・大学院・専門学校には日本語学校のような日本語を専門に指導するカリキュラムを設けているところは多くない。したがって日本語学校で学ばずに、外国から直接、日本に留学生や研究生として受け入れることによる学業面の問題が生じている。たとえば、日本で生活しながら日本語学校を経て大学に進学するのではなく、外国から直接、日本の大学・大学院に入学したために、日本事情の理解不足と日本語能力の問題から研究発表や論文作成に困難を覚えるケースも少なくない。

これらは、受け入れ国の問題だけに限らず、就・留学生の送り出し国側の問題もある。たとえば、日本への就・留学前に日本文化や日本語に関する研修などが行なわれず、事前準備はすべて就・留学生個人に任されていること、母国における学業面のサポートはなされないまま、日本に入国してくることが挙げられる。したがって、就・留学生が入学した教育機関・教員への支援も必要であろう。それが結果的に就・留学生の支援につながるといえよう。

泰阜方式の教育への生かし方

これから述べることは、中国帰国者に限ってのことである。村が中国帰国者（中国帰国子女を含む）に対して行なった村ぐるみ・家族ぐるみの日本語指導や地域とのつながりを重視した支援のあり方は「泰阜方式」と呼ばれる。泰阜方式の利点は、子どもへの支援を通じて親・祖父母世代など移民家族全員への支援に拡大し、世代間・親子間のコミュニケーションギャップを軽減し、親子間交流による心のつながりと家族生活の質的向上が期待できる点である。

また、泰阜村に入村した中国帰国者は親戚地縁関係、開拓団仲間が多く「見知った人たち」である。泰阜村という母村に帰ってきた人たちへの泰阜村民による支援である。ここでは、地方自治体の主体性が重要な要素となる。泰阜方式を他地域においても生かすためには、行政が外国人支援のプログラムを作り、地域住民を巻き込んで生活支援・学習支援を行なうことが必要である。

それには常日頃から行政と地域住民の連携体制を構築しておくことが前提となる。住民の協力が得られない場合でも、中国帰国者には定着地において身元引受人や自立指導員が生活面・言語面の支援を行なうことになっている。かれらは地域で中国帰国者を最も知りうる存在である。身元引受人や自立指導員のような地域の人材を活用することで、全国各地に分散して定着した中国帰国者全般に泰阜方式の応用が可能であると考えられる。

泰阜村の事例は、根本的な法改正や特別な資格をもつ人材を確保しなくても、地域住民が子女教育の担い手になれるとともに、学校ができ得る支援のあり方を示唆している。その一つとして外国人就・留学生に対してメンタルサポートの必要性を生じたとき、本書で取り上げた校外交流活動を取り入れることや同国人ネットワーク内の交流をセッティングし、言語の不自由さがない環境で就・留学生が思い切り話すことができる場の構築を試みることが挙げられる。家族連れの外国人世帯の受け入れにあたっては、家族全員の地域交流の場の構築も重要である。

また、泰阜村の事例から言語指導は生活指導と切り離さず一体化することにより効果が認められることがわかり、学校教師や日本語指導者ができ得る支援が示された。

私たちに何ができるのだろう

これまで検討してきたように、外国人一人ひとりの生活や社会的・歴史的背景を十分に把握したうえで、ことばの指導方法を構築する必要がある。生活の実態をよく見据え、生活に必要不可欠な支援は何かをともに考えなければならないだろう。同じ中国で生まれたとはいえ、両親のどちらも中国人である就学生と、中国残留日本人の子・孫である中国帰国子女の違いは、日本の受け入れ担当管轄の違い（法務省・厚生労働省）や行政の地域支援のありようが異なるという結果を生み出した。

日本では外国人への言語教育の責任ある窓口がないまま、教師やボランティア等各個人が自己責任でことばの指導を担ってきた。費用負担についてもそれぞれの管轄、所属機関、日本語教室等により行政の補助や担当窓口が異なる状態が長く続いている。地域支援を補助する自治体の体力にかかっているというのが実情である。このため、地域により外国人支援に格差が生じてしまう。全国どこに住んでも、生活や学習面で満足できる支援を受けることができるようでなくてはならない。誰もが同等の支援を受ける権利が得られ、それを保障されることが重要である。

次に、日本語能力を測定する共通の尺度を決める必要がある。同じ外国人でありながら、就学生だけが「日本留学試験」の点数により受験大学の選択が決定されるという特別な受験システム下に置かれている。地域ボランティア同士、大学同士、日本語学校同士だけの連携ではなく、地域日本語教室・大学の留学生センター・日本語学校などの言語教育機関を架橋したネットワークを築き、地域ボランティアと教育関係者が外国人に日本語を教える際の一貫した教育指針をつくったうえで、地方自治体・教育機関・教師・地域住民が学習・生活支援を行なう必要があるのではないだろうか。

泰阜方式は泰阜村でなくとも、どこの地方自治体であっても指導性の発揮と教育機関・地域住民との連携があれば実現可能なことばかりである。泰阜村が行なったように定期的な連絡の場や家族のための社会学級を設け、そこで得た情報は地域住民が共有できるように積極的に発信していくことが重要である。それは、地域の人たちが異文化をもつ人たちへの理解と認識を深めることにつながる。地域社会で外国人と暮らす住民と地方自治体や学校が課題を共有してはじめて泰阜方式の活用が可能になると考えられる。日本社会の構成員全体がつながっていること、すなわち日本に暮らすすべての人が相互に支え合うことが重要である。

その「支え合い」の観点から、就学生の問題を考えてみたい。本書における中国人就学生の調査結果から、就・留学生が必要とする支援は個々に少しずつ異なることがわかった。それはつまり、個々人の学習や生活の課題に即応した支援を考えなくてはならないということである。その支援の担い手であるが、地域に就・留学生の世話をするような人はいない。なぜなら、「地域日本語教育と学校教育の併用型」である泰阜村の中国帰国子女教育に比べ、「日本語学校教育型」の中国人就学生は、地域日本語教育および文部科学省管轄の学校教育の枠外に置かれているため、地域住民から見えにくい存在だからである。

中国帰国者（子女）には日本社会で面倒をみる身元引受人や自立指導員という人たちがいる。各地域には民生委員・児童委員も配置されている。そこで、日本の生活者である就・留学生にも、学習支援員・生活支援員・通訳というような「地域の世話人」を配置するか、現在設けられている民生委員・児童委員や自治会の人材を活用するなどして、教育機関だけではなく地域社会全体で支えていくことが肝要ではないだろうか。

注

（1）二〇〇五年に筆者が面接して聞き取り調査を実施した八十歳代の中国残留婦人（長野県在住）。調査対象者の語りをフィールド・ノーツに記録し文字化して整理した。

（2）「中国帰国者」の家族の中には、中国に戻ることを視野に入れて日本国籍を取得せず中国籍のままにし、いつでも中国へ戻れるようにしている帰国者が多い。

参考・引用文献（50音順）

朝倉尚他［二〇〇四］『制度と生活世界』培風舘
朝倉美香［二〇〇〇］「岐阜県における自立指導員の役割と活動―自立指導員Gさんの場合」蘭信三編著『「中国帰国者」の生活世界』行路社、一五九―一七一
浅野慎一［二〇〇四］「中国人留学生・就学生の実態と受け入れ政策の転換」『労働法律旬報』［二〇〇四年五月二十五日発行］財団法人アジア学生文化協会
阿部精二［一九九六］『中国人就学生―泣き笑いの記録』白帝社
天野正治・村田翼夫編著［二〇〇二］『多文化共生社会の教育』玉川大学出版部
蘭信三［二〇〇六］「地域社会のなかの中国帰国者」『アジア遊学、中国残留孤児の叫び―終わらない戦後』No.85、勉誠出版、九九―一一二
蘭信三代表［二〇〇六］『中国残留日本人孤児の過去、現在、未来―「残留孤児問題」の総括と展望』二〇〇四シンポジウム報告書、京都大学国際交流センター
蘭信三編著［二〇〇〇］『「中国帰国者」の生活世界』行路社
蘭信三［一九九四］『満州移民の歴史社会学』行路社
飯田市歴史研究所編［二〇〇七］『満州移民―飯田下伊那からのメッセージ』現代史料出版
池上摩希子［一九九四］「日本語指導が必要な児童生徒対象の教育目標構造化の試み―センター中学生クラスを例に」『中国帰国孤児定着促進センター紀要』第二号、同センター、二六―四七
池田玲子・舘岡洋子［二〇〇七］『ピア・ラーニング入門―創造的な学びのデザインのために』ひつじ書房
石田敏子［一九九四］「異文化理解における日本語教育の課題」異文化間教育学会編『異文化間教育八―特集、異文化理解と言語教育』アカデ

ミア出版会、四―一九
石附実［一九九六］編著『比較・国際教育学』東信堂
井出孫六［二〇〇四］『終わりなき旅―「中国残留孤児」の歴史と現在』岩波書店
伊那谷の満蒙開拓慰霊碑を記録する有志の会編［二〇〇五］『満蒙開拓と伊那谷～慰霊碑は語る～』同会
岩男寿美子・萩原滋［一九八八］『日本で学ぶ留学生―社会心理学的分析』勁草書房
梅田康子［二〇〇六］「日本語予備教育における内容重視型日本語教育の試み」『言語と文化』No.15、愛知大学、五九―七八
遠藤織枝・黄慶法編著［二〇〇七］『中国人学生の綴った戦時中日本語日記』ひつじ書房
遠藤織枝編［二〇〇六］『日本語教育を学ぶ―その歴史から現場まで』三修社
遠藤満雄［一九九二］『中国残留孤児の軌跡』三一書房
大久保明男［二〇〇〇］「アイデンティティ・クライシスを越えて―「中国日裔青年」というアイデンティティをもとめて」蘭信三編著『「中国帰国者」の生活世界』行路社、三二五―三五一
太田晴雄［二〇〇五］「日本的モノカルチュラリズムと学習困難」宮島喬・太田晴雄編『外国人の子どもと日本の教育―不就学問題と多文化共生の課題』東京大学出版会
岡崎眸監修・野々口他編［二〇〇七］『共生日本語教育学―多言語多文化共生社会のために』雄松堂出版
岡崎眸［一九九四］「内容重視の日本語教育―大学の場合」『東京外国語大学論集』第四十九号、二二七―二四四
岡益巳・深田博己［一九九五］『中国人留学生と日本』白帝社
奥田道大・田嶋淳子編［一九九五］『新版、池袋のアジア系外国人―回路を閉じた日本型都市でなく』明石書店
尾崎明人［二〇〇六］「コミュニケーション能力の育成」国立国語研究所編『日本語教育の新たな文脈―学習環境、接触場面、コミュニケーションの多様性』アルク、一九六―一九九

小沢有作編［一九八三］『日本語学級の子どもたち』社会評論社
加賀美常美代・岡野禎治［二〇〇二］「来日早期にうつ病に至った留学生の症例報告―医療と教育の連携による奏効例」『こころと文化』第一巻一号、多文化間精神医学会、六三―七二
金子比呂子［二〇〇七］『中国人留学生・研修生の異文化適応』渓水社
葛文綺［一九九八］「聞くことの指導法」姫野昌子他『ここからはじまる日本語教育』ひつじ書房、五三―六六
鎌田修・山内博之編［一九九六］『日本語教育・異文化間コミュニケーション―教室・ホームスティ・地域を結ぶもの』財団法人北海道国際交流センター
川上郁雄編［二〇〇六］『「移動する子どもたち」と日本語教育―日本語を母語としない子どもへのことばの教育を考える』明石書店
川口さち子他［二〇〇三］『上級の力をつける―聴解ストラテジー』凡人社
河原俊昭・野山広編著［二〇〇七］『外国人住民への言語サービス』明石書店
管澤順子他［一九九五］『子どもの生活世界と人権』柘植書房
倉地暁美［一九九八］『多文化共生の教育』勁草書房
言語権研究会編［一九九九］『ことばへの権利―言語権とはなにか』三元社
黄英蓮［二〇〇二］「中国帰国者二世・三世の日本への移住と就労」一橋大学大学院論文
厚生省社会・援護局編［一九九七］『援護五十年史』ぎょうせい
厚生労働省社会・援護局援護企画課中国孤児等対策室［二〇〇四］『帰国者受入れの手引』同対策室
河野俊之［二〇〇八］「話し言葉の教育」『日本語学、特集、話し言葉の日本語』明治書院、二一二―二二一
小林悦夫［一九九三］「第二言語としての日本語教育の課題」『中国帰国孤児定着促進センター紀要』第一号、一―三二
小林弘二［一九七七］『満州移民の村―信州泰阜村の昭和史』筑摩書房

駒井洋編［一九九八］『新来・定住外国人資料集成』明石書店
小柳昇［二〇〇二］『ニューアプローチ中級日本語基礎編改訂版』ＡＧＰアジア語文出版
今野康裕・堀建司郎［一九九三］『日本語の国際化―日本語学校の実情』創現社出版
斎藤ひろみ［一九九九］「教科と日本語の統合教育の可能性―内容重視のアプローチを年少者日本語教育へどのように応用するか」中国帰国者定着促進センター教務課『紀要』第七号、七―九二
佐久間孝正［二〇〇九］「国際労働力移動と教育―イギリスと日本の比較の視点から」『移民政策研究』Vol.1、七一―八四
佐伯守［一九八六］『生活世界の現象学』世界書院
桜井隆［二〇〇七］「日本の社会言語学―その歴史と研究領域」編集委員会編『ことばと社会』十号、三元社、二五―四〇
定松文［二〇〇七］「言語と権力への視座―ピエール・ブルデューの言語研究とその応用をめぐって」編集委員会編『ことばと社会』十号、三元社、一五九―一七四
佐藤恵美子・小林悦夫［一九九四］「カリキュラム開発および理念的目標の構造化について」『紀要』第二号、一―二五、中国帰国孤児定着促進センター
佐藤郡衛［二〇〇九］「特集：日本における移民政策の課題と展望、日本における外国人教育政策の現状と課題―学校教育を中心にして」『移民政策研究』Vol.1、移民政策学会、四二―五四
佐藤慶幸［一九九一］『生活世界と対話の理論』文眞堂
里見軍之・谷口文章［一九九六］『現代哲学の潮流』ミネルヴァ書房
真田信治・庄司博史編［二〇〇五］『事典―日本の多言語社会』岩波書店
在華同胞帰国協力会日本子供を守る会編［一九五三］『帰ってきた子供たち』同会
信濃毎日新聞社編集局［二〇〇六］『日中を生きる』信濃毎日新聞社

柴田実［二〇〇七］「『やさしい日本語』の音声化」『「やさしい日本語」が外国人の命を救う―情報弱者への情報提供の在り方を考える』国立国語研究所報告書
島田めぐみ［二〇〇六］「日本語聴解テストにおいて難易度に影響を与える要因」日本語教育学会『日本語教育』一二九号、一―一〇
信州毎日新聞［一九八六年一月二十七日］「にゅうすオンライン」泰阜南中学校『閉校記念誌、泰阜南中学校四十六年の歴史』同中学校、一六七
杉村美紀［二〇〇八］「アジアにおける留学生政策と留学生移動」『アジア研究』第五十四巻第四号、一〇―二五
栖原暁［一九九六］『アジア人留学生の壁』日本放送出版協会
関正昭［一九九七］『日本語教育史研究序説』スリーエーネットワーク
高田誠［一九七七］「中国からの引揚者の日本語教育―長野県泰阜村の場合」編集部編『言語生活』筑摩書房、六二―六三
田中望［二〇〇〇］『日本語教育のかなたに―異領域との対話』アルク
田中望［一九九六］「地域社会における日本語教育」鎌田修・山内博之編『日本語教育・異文化間コミュニケーション―教室・ホームスティ・地域を結ぶもの』財団法人北海道国際交流センター、二三―四〇
中国帰国者支援・交流センター［二〇〇五］『二つの国の狭間で―中国残留邦人聞き書き集第一集』中国帰国者支援・交流センター
中国帰国者定着促進センター［一九九三―二〇〇七］『紀要』第一号～第十一号、同センター
土屋千尋編［二〇〇八］『学校・大学・地域の連携・協働による外国人児童の学習環境づくりに関する実践的研究』平成一七―一九年度科学研究費補助金基盤研究［C］課題番号一七五二〇三五〇研究成果報告書
佟岩・浅野慎一監訳［二〇〇八］『中国残留日本人孤児に関する調査と研究』全二巻、不二出版、［原書］関亜新・張志坤著［二〇〇五］『日本遺孤調査研究』社会科学文献出版社］
時津倫子［一九九六］「『中国残留婦人』のライフヒストリーによるアイデンティティ研究」『早稲田大学大学院教育学研究科紀要』別冊第四号、

三九―五〇
時津倫子［二〇〇〇］「『中国残留婦人』の生活世界」蘭信三編『中国帰国者の生活世界』行路社、四九―七六
東京学芸大学海外子女教育センター［一九九三］『共生社会の教育―帰国子女教育研究プロジェクト中間報告』同センター
土居健郎［一九七一］『「甘え」の構造』弘文堂
中繁彦［二〇〇四］『沈まぬ夕陽』信濃毎日新聞社
中岡成文［一九九六］『ハーバーマス―コミュニケーション行為』講談社
中島多鶴［一九七九］「血涙の遍歴」編著『後世に伝う血涙の記録―満洲泰阜分村』信濃文化経済社、二九四―三〇五
中島多鶴［一九九三］「敗戦死の逃避行［二］」泰阜村教育委員会『古老は語る第二集』一〇七―一一八、泰阜村教育委員会
中島多鶴・NHK取材班［一九九〇］『忘れられた女たち』NHK出版
中島千鶴［二〇〇七］「敗戦後に生き残った私」編集委員会編『満洲泰阜分村―七〇年の歴史と記憶』不二出版、一七〇―二〇五
中島葉子［二〇〇七］「支援―被支援関係の転換―ニューカマーの教育支援と「当事者性」」異文化間教育学会『異文化間教育』第二十五号、九〇―一〇四
中西晃［二〇〇一］「中国帰国子女の教育―多文化共生に向けての学校教育」天野正治・村田翼夫編『多文化共生社会の教育』玉川大学出版部、一一九―一三一
中西晃他［一九九七］『地域における国際理解教育の推進に関する実証的研究』伊藤忠記念財団研究報告書三三
長野県下伊那郡泰阜村立泰阜南小学校［一九八三］『中国帰国子女教育10年のあゆみ』同小学校
長野県下伊那郡泰阜村立泰阜南小学校［一九七七］『当校における中国帰国子女教育昭和五十一年度』同小学校
長野県下伊那郡泰阜村立泰阜南中学校［一九九三］『閉校記念誌―泰阜南中学校四十六年の歴史』同中学校
長野県下伊那郡泰阜村立泰阜南中学校［一九八九］『中国引揚者子女教育研究実践記録第七集、昭和六十三・平成元年度』同中学校

長野県下伊那郡泰阜村立泰阜南中学校［一九八四］『中国帰国子女教育研究─実践記録第四集』同小学校
長野県下伊那郡泰阜村立泰阜南中学校［一九七八］『当校における中国帰国子女教育』同中学校
長野県下伊那郡泰阜村立泰阜南中学校［一九七六］『創立三十周年記念誌』同中学校
成田徹男編［二〇〇八］『新時代の保育双書─保育内容ことば』みらい
西山教行［二〇〇九］「『ヨーロッパ言語参照枠』の社会政策的文脈と日本での受容」『言語政策』五、六一─七五
日本語教育学会編［二〇〇八］『外国人に対する実践的な日本語教育の研究開発［「生活者としての外国人」に対する日本語教育事業］報告書』
同学会
日本語教育学会編［二〇〇八］『日本語教育』一三八号、特集「多文化共生社会の日本語教育」
日本語教育学会編［一九九一］『日本語教育機関におけるコース・デザイン』凡人社
野山広［二〇〇五］「地域の社会状況と言語支援活動の実態から見えてくること」日比谷潤子・平高史也編著『多言語社会と外国人の学習支
援』慶應義塾大学出版会
原聖［二〇〇七］「多言語社会論の意義と課題」『言語政策』三、一〇七─一二三
春原憲一郎編［二〇〇九］『移動労働者とその家族のための言語政策─生活者のための日本語教育』ひつじ書房
平高史也［二〇〇五］「総合政策学としての言語政策」『総合政策学ワーキングペーパーシリーズ』No.83、慶應義塾大学大学院政策・メディア
研究科
福島直恭［二〇〇八］『書記言語としての「日本語」の誕生─その存在を問い直す』笠間書院
藤原保信・三島憲一・木前利秋編著［一九八七］『ハーバーマスと現代』新評論
文化庁文化部国語課編［一九九七］『中国帰国者のための日本語教育Q&A』文化庁
法村博人・香音子他［一九九五］『大地のアルバム─ある中国残留日本人家族』社会思想社

星浩［一九九三］「アジアに目を向けた国際化教育を実践」泰皐南中学校『閉校記念誌、泰皐南中学校四十六年の歴史』同中学校、一七五
細川英雄［二〇〇四］『考えるための日本語―問題を発見・解決する総合活動型日本語教育のすすめ』明石書店
本田弘之［二〇〇六］「日本語教育の『自律』と『変容』―中国東北地域における『満州国』後の日本語教育の意味」『言語政策』二、九一―一〇八、日本言語政策学会
真嶋潤子［二〇〇六］「日本語教育から見た異文化理解」細谷昌志編『異文化コミュニケーションを学ぶ人のために』世界思想社、八五―一〇三
松崎寛［二〇〇七］「シンポジウム『聴解教育の方法と可能性』」『日本語教育学会予稿集』一九
松島貞治・加茂利男［二〇〇三］『「安心の村」は自律の村』自治体研究社
〈満洲泰皐分村―七〇年の歴史と記憶〉編集委員会編［二〇〇七］『満洲泰皐分村―七〇年の歴史と記憶』不二出版
満蒙開拓を語りつぐ会編［二〇〇六］『下伊那のなかの満洲、聞き書き報告集四』飯田市歴史研究所
見田宗介・栗原彬・田中義久編［一九八八］『社会学事典』弘文堂
宮島喬編集［二〇〇三］『岩波小辞典、社会学』岩波書店
村井忠政編著［二〇〇七］『トランスナショナル・アイデンティティと多文化共生―グローバル時代の日系人』明石書店
村上呂里［二〇〇八］『日本・ベトナム比較言語教育史』明石書店
村田栄璋［一九七八］『調査報告、引揚げ児童・生徒指導の現状―引揚げ児童・生徒児童のための基礎資料』帰国子女教育研究協議会
莫邦富［二〇〇九］『「中国全省を読む」事典』新潮社
森田チエコ他［二〇〇一］「入院患者の対人認知と生活世界に関する研究―がん患者の患者・看護者関係」『愛知県立看護大学紀要』Vol.7、一三―一八
森武麿［二〇〇七］「満州移民の戦後史」飯田市歴史研究所編『満州移民―飯田市下伊那からのメッセージ』現代史料出版、一七七―二四五

文部省［一九八七］『帰国子女教育の手引』文部省
泰皐村誌編纂委員会［一九八四］『泰皐村誌―下巻』泰皐村役場
泰皐分村記念誌編集委員会編［一九七九］『満洲泰皐分村―後世に伝う血涙の記録』信濃文化経済社
山田泉［二〇〇八］「外国人への『言語保障』―対等・平等な社会参加のために」『月刊言語』Vol.37、大修館書店
山田陽子［二〇〇六a］「中国帰国者の日本語習得と雇用―国家賠償請求訴訟における帰国者の陳述および身元引受人の語りから」『人間文化研究』NO.5、八三―一〇〇
山田陽子［二〇〇六b］「『生き残りの兵士となった』身元引受人の語り―戦争体験と「中国帰国者」への奉仕活動を中心に」第四回日本オーラル・ヒストリー学会年次大会発表資料
山田陽子［二〇〇七a］「中国帰国者の定着自立援護―生活支援と子女教育」編集委員会編『満洲泰皐分村七〇年の歴史と記憶』不二出版、六九七―七三六
山田陽子［二〇〇七b］「『中国帰国者』二世の適応に関する一考察―二世女性の語りから」村井忠政編著『トランスナショナル・アイデンティティと多文化共生―グローバル時代の日系人』明石書店、六八―九一
山田陽子［二〇〇七c］「身元引受人をめぐる『中国帰国者』の日本社会への適応」名古屋市立大学大学院人間文化研究科修士学位論文
山田陽子［二〇〇七d］「『中国帰国者』と身元引受人制度―中国残留孤児の日本への帰国をめぐって『人間文化研究』第八号、九九―一一一
山田陽子［二〇〇八a］「方正県等からの「中国帰国者」子どもたちへの日本語支援―中国帰国子女教育のはじまり」『星火方正［方正友好交流の会会報七号］』、六九―七五
山田陽子［二〇〇八b］「中国人就学生の生活世界と日本語教育―名古屋市の就学生を事例に」『人間文化研究』No.10、二六三―二七五
山田陽子［二〇〇八c］「中国帰国子女と中国人就学生―地域支援と日本語教育」移民政策学会二〇〇八年十二月十三日発表資料
山田陽子［二〇〇八d］「中国帰国子女と家族への日本語教育―一九七〇年代に開始した村」『人間文化研究』第九号、一四一―一五三

山田陽子［二〇〇八e］「分断される『中国帰国者』と連帯性の希薄化―地域住民への聞き取り調査を通して」『多文化共生研究年報』第五号、一〇五―一一二
山田陽子［二〇〇八f］「村ぐるみの日本語教育―一九七〇―八〇年代の中国帰国子女への地域支援として」『日本語教育学会二〇〇八年度春季大会予稿集』二〇二―二〇三
山田陽子［二〇〇九a］「日中関係から見た引揚げ地の戦後六〇余年―日本人引揚事象をめぐる『葫芦島』の変化を中心に」『四日市大学論集』第二十二巻第一号、六一―七五
山田陽子［二〇〇九b］「文献紹介　蘭信三編［二〇〇〇］『中国帰国者』の生活世界」蘭信三編『〈中国残留日本人〉という経験―「満洲」と日本を問い続けて』勉誠出版、三七四―三七七
山田陽子［二〇〇九c］「中国人就学生追跡調査に見る日本語と日本人観の変化―中国人学生の語りと面接質問紙調査から」『人間文化研究』No.11、一二一―一三三
山田陽子［二〇〇九d］「テレビ・ドキュメンタリーと満洲移民研究―全体像把握と口述資料の挑戦」『人間文化研究年報』第四号、四六―四九
山田陽子［二〇〇九e］「日中国交正常化後に帰国した人たちへの村の生活支援と言語施策―泰阜村を事例に」『一宮女子短期大学紀要』第四十八集、九七―一〇六
山田陽子［二〇一〇］「中国にルーツをもつ若者・子どもへの支援と言語教育の研究―中国人就学生と中国帰国子女を事例に」名古屋市立大学大学院人間文化研究科博士学位論文
山本有造編著［二〇〇七］『「満洲」記憶と歴史』京都大学学術出版会
湯川笑子［二〇〇六］「年少者教育における母語保持・伸長を考える」『日本語教育』一二八号、一三―二三

外国語文献［訳書を含む］［アルファベット順］

アルフレッド・シュッツ・リチャード・M・ゼイナー編、那須壽他訳［一九九六］『生活世界の構成』マルジュ社

Cummins, Jim. 1991,"*Language Development and Academic Learning*" *Language, Culture and Cognition : A Collection of Studies in First and Second Language Acquisition*. Clevedon : Multilingual Matters.

Cummins, Jim and Swain, Merrill. 1986, *Bilingualism in Education : Aspects of theory, research and practice*. Longman.

Cummins, Jim. 1984, *Bilingualism and Special Education : Issues in Assessment and Pedagogy*. Clevedon: Multilingual Matters.

J・S・ブルーナー［二〇〇四］『教育という文化』岩波書店

ジェームズ・ゴードン・フィンリースン、村岡晋一訳［二〇〇七］『ハーバーマス』岩波書店

マーク・L・ナップ、牧野成一・牧野泰子共訳［一九七九］『人間関係における非言語情報伝達』東海大学出版会

マジョリー・F・ヴァーガス、石丸正訳［一九八七］『非言語コミュニケーション』新潮選書

ミハイル・バフチン、桑野隆・小林潔編訳［二〇〇二］『バフチン言語論入門』せりか書房

OECD編著、斎藤里美監訳、木下江美・布川あゆみ共訳［二〇〇七］『移民の子どもと学力―社会的背景が学習にどんな影響を与えるのか』明石書店

パウロ・フレイレ著、小沢有作他訳［一九七九］『被抑圧者の教育学』亜紀書房

Portes, A. and Rumbaut, R. 2001. *Legacies*. University of California Press.

R・ベルネ他著、千田義光他訳［一九九四］『フッサールの思想』哲書房

ユルゲン・ハーバーマス、丸山高司・丸山徳次・厚東洋輔・森田数実・馬場孚瑳江・脇圭平共訳［一九八七］『コミュニケイション的行為の理論［下］』未来社

資料

宮島義寛［二〇〇六］「満州開拓泰阜分村とその顛末［年表］」［二〇〇六年二月二十日発表資料］

泰阜村教育委員会帰国子女データ［同委員会二〇〇七年発表資料］

泰阜村役場保存資料［一九七二年度―二〇〇七年度］

Ｗｅｂ（50音順）

飯田日中友好協会ホームページ　http://www.avis.ne.jp/~nihao/iida-nittyu.htm

財団法人日本語教育振興協会ホームページ　http://www.nisshinkyo.org/

社団法人信濃教育会ホームページ　http://www.shinkyo.or.jp/

名古屋ＳＫＹ日本語学校ホームページ　http://www.nagoya-sky.co.jp/

名古屋ＹＷＣＡ学院日本語学校ホームページ　http://www.17.ocn.ne.jp/~nywcaj1/

法務省入国管理局ホームページ　http://www.moj.go.jp/NYUKAN/nyukan04.html

法務省入国管理局ホームページ「統計」　http://www.immi-moj.go.jp/tetuduki/index.html

法務省入国管理局ホームページ「統計」資料編　http://www.moj.go.jp/NYUKAN/nyukan78.pdf

法務省入国管理局ホームページ「報道発表資料」　http://www.mext.go.jp/PRESS/090710-1/090710-1.html

南信州サイバーニュース　http://www.minamishinshu.co.jp/

文部科学省ホームページ　http://www.moj.go.jp/b_menu/hakusho/nc/

泰阜村役場ホームページ　http://www.vill.yasuoka.nagano.jp/

新聞［新聞社ごとに日付順］

朝日新聞（二〇〇八年六月四日）朝刊25社会14版「外国人登録、中国人トップに」

朝日新聞（二〇〇八年十二月二十九日）朝刊15教育13版「日本への留学生数、過去最多」

朝日新聞（二〇〇九年三月二日）朝刊1、14版「ルポにっぽん―看護のプロ、言葉と格闘」

朝日新聞（二〇〇九年五月一日）朝刊14版社会22

中日新聞（二〇〇八年十一月二十八日）朝刊名古屋市民版18「中国初のトップ、名古屋市の外国人登録者数の推移」

中日新聞（二〇〇九年二月三日）朝刊愛知総合市17「留学生の就職支援」

中日新聞（二〇〇九年四月十六日）朝刊12版社会30「日系外国人児童に就学支援の場を」

◉用語解説（50音順）

アイデンティティ

自己意識の統合性、一貫性、所属性をしめす概念であり、〝自分がこういう自分である〟という感覚や認識のこと。自己同一性、主体性、存在証明などと訳されることが多い。

一時帰国

墓参りや親族の訪問、中国残留日本人等を養育した者であって日本に居住している者の訪問、厚生労働大臣が認める目的で一定の期間、中国から日本に帰国することをいう。一時帰国のための旅費は、国が全額負担する。

移民

国家を超えた人びとの移動をさす。雇用を目的として国籍とは異なる国に移動する人、あるいは、国境を越えて生業の本拠地を移動させる人とそれに随伴する家族、とも規定される［宮島、二〇〇三］。

永住帰国

一定期間だけではなく、永住する目的で日本に帰国することをいう。永住帰国の旅費は、国が全額負担する。船賃、航空賃、鉄道賃、車賃、宿泊料、食費など日本への旅行に要する費用である。

国費帰国者

平成六年十月一日から施行された「中国残留邦人等の円滑な帰国の促進及び永住帰国後の自立の支援に関する法律」に定められている帰国者とその親族が日本に永住帰国するにあたって、永住帰国旅費の支給を事前に国に申請して、この旅費により帰国した人たちをいう。帰国旅費の支給対象となる親族については、帰国者本人に同行する者に限るとされており、呼び寄せ家族は国費帰国者の対象には含まれない。永住帰国旅費を申請しなかった者や法律に定められた範囲に入っていない者は「自（私）費帰国者」になる。

参与観察

観察者が被観察者と同じ社会生活に参与して、内側からその実態や実情をつぶさに体験しながら観察する方法［見田他編、一九八八］。

自立指導員

都道府県援護担当課の指示により中国帰国者の家庭を訪問し、日常生活、言語、就職等の諸問題に関する相談に応じて、必要な助言や指導を行なうとともに、市区町村、福祉事務所、公共職業安定所等の公的機関と緊密な連携を保ち、必要に応じて帰国者をこれらの機関の窓口に同行して、通訳を兼ねて仲介する等効果的な措置を講ずるよう努めている［厚生省社会・援護局編、一九九七、四二七］。

生活者としての外国人

日本社会において使用言語にかかわらず、日本人との接触が頻繁にあり、さらに自ら接触場面への参加を意識する外国人、または、そう期待される外国人［日本語教育学会、二〇〇八、八］のことをいう。

生活世界

「中国帰国子女」の親・祖母にあたる中国残留婦人にインタビューを行ない、ライフヒストリーとしてまとめた時津［二〇〇〇］は、生活世界を次のように考察している。「生活世界とは、だれかひとりについての私的な世界だけではなく、間主観的な世界、つまり、仲間である人間と共有し、他者によって経験され、解釈される世界であり、自己理解に必要な生活史状況を供給する。生活世界を記述することは個々人に共通する準拠枠となっている「沈殿した意味」、すなわち当事者にとっては自明な意味を把握することでもある。また自己と他者の相互作用のなかにある。生活世界は相互作用中の個人をとりまく状況（他者）に焦点をあてている」［時津、二〇〇〇、七五］。本書ではこれらを参考にしながら、「生活世界」を「人と人との関係性および相互作用を重要視した、他者と共有されるまるごとの世界であり、現実に人びとの生の営みが展開され、経験されている世界」と解釈している。

ダブル・バインド

グレゴリー・ベイトソンを中心とする研究班が一九五六年に発表した分裂病の原因と治療に関する学習理論［見田他編、一九九八］。メッセージとメタメッセージの矛盾するコミュニケーション状況。

地域

本書で述べる「地域」とは、人間が営む生活の場を言い、居住地区内、町内を指し「地域社会」とは隣接する土地に暮らす人々の集合地で人々の生活範囲を指すものとする。

中国帰国者

一般的に日本に永住帰国した中国残留日本人（中国残留孤児、中国残留婦人等）およびその親族等をさす。これまでに永住帰国した「中国帰国者」は、六三二六名、家族を含めた総数は二万二四七名（平成十八年十月、厚生労働省データ）である。

中国帰国者定着促進センター

帰国直後の孤児世帯に対して、四カ月間（現在は六カ月）の基礎的な日本語教育や基本的な生活指導を行ない、定着後、早く自立できるようにすることを目的に、一九八四（昭和五十九）年、「中国帰国孤児定着促進センター」として埼玉県所沢市に開設された施設である。その後、一九九四（平成六）年四月、中国残留婦人等の受け入れに伴い、名称を「中国帰国者定着促進センター」に変更した。全国十一カ所に開設されたが、現在は帰国者世帯数減少に伴い、所沢市の一カ所になった。

中国帰国子女

「中国帰国者」が連れてきた子どもは、一般に「中国帰国子女」と呼ばれる。「中国帰国子女」という呼称は、「中国残留邦人等の円滑な帰国の促進及び永住帰国後の自立の支援に関する法律」第二条第一項に規定する「中国残留邦人等」のうち、「日本に帰国した者（帰国の時期は問わない）の児童生徒」で、国立、公立又は私立の小学校、中学校又は高等学校（全日制の課程に限る）に在籍している児童生徒を指す。この場合の「子女」は、「子ども」の意味で使用し、決して差別的なことばの使用法ではない。男女両方を指す。中国帰国子女教育には、「中国引揚子女教育」、「中国引揚者子女教育」などさまざまな呼称が使われる。また、帰国児童・生徒に関しても「中国帰国子女」、「中国引揚子女」、「中国引揚者子女」、「中国帰国児童・生徒」などが使われる。本書では、「中国帰国子女教育」、「中国帰国子女」、「帰国子女」、「子女」、「帰国児童生徒」等を使用する。

中国残留孤児

厚生労働省の定義によれば、

（1）戸籍の有無にかかわらず日本人を両親として出生した者。

（2）中国東北部等において、昭和20年8月9日のソ連侵攻以来の混乱により、保護者と死別または生別した者。

（3）終戦当時の年齢が13歳未満の者。

（4）本人が自己の身元を知らない者。

（5）引き続き中国に残留し、成長した者。

以上の五要件すべてを満たす者を「中国残留日本人孤児」と定義している。終戦当時満十三歳以上であった女性は、「中国残留婦人」と呼ばれる。

定住外国人

一般的には、外国で生まれ、何らかの理由で他国に移住し長期在住する人びとを指す〔宮島、二〇〇三、一七三〕。

適応

本書では、社会からのさまざまな要請に対して、自らの行動や考えなどを適合させていくことを意味する。

同化

ある個人や集団が別の集団の言語や文化的価値を受け入れるとともに、自らの文化・言語を失っていく過程〔宮島、二〇〇三、一七七〕。

特別身元引受人

役割は身元引受人と同様であるが、相違するのは身元判明孤児の帰国手続きの遂行を肉親に代わって行なう点である。一九九一（平成三）

年度から中国残留婦人等についても適用されることになった。一九九四（平成六）年一月から帰国手続きを国が直接行なうことで身元引受人と同様の役割になったため、平成七年二月から両引受人制度を一本化し、新たに「身元引受人制度」とする改正を行なった。

引揚げ

終戦後、外地から日本国内に帰還することをいう。「集団引揚げ」というのは、一定の人数ごとに帰還者を船舶で日本国内へ輸送する場合に使用されることばである。本書においては、主に一九四六年から始まった満洲からの帰国を指す。

フィールドワーク（インタビュー・参与観察を含む）

現地調査、対象となる現象が生じている現地において、データを蒐集する過程をいう［見田他編、一九八八］。英語の「fieldwork」は、現場訪問・現地調査研究等の意味がある。本書では、ただ単に現場を訪問したり現地を実際に観察して調査研究するだけにとどまらず、研究対象の事物・人間に関わりあいをもちながら調査研究を進めるとともに、相互に研究成果を与え合う関係を築くことを目指した。

次に筆者は参与観察法（調査者が調査対象である社会集団や地域社会などの一員として参加し、ともに行動し観察する技法）を採用している。参与観察は、現場での対象者のリアリティに最も近づける方法ではないかと考える。筆者が実施する参与観察の位置づけは、明確な目的をもった調査者として身分を明らかにして参加するというものである。

「満洲国」、「満洲」

戦前、中国東北部を「満洲」と呼んだ。中国東北部に一九三二年三月一日から一九四五年八月十八日まで日本がつくった傀儡政権を「満洲国」という。一九四五年に崩壊した。「満洲国」、「満洲」という用語については、現在使用すべきではない。しかし、中国帰国者との話の中にごく自然に出てくる用語であるので、本書ではこのまま使用することにした。

身元引受人

肉親に代わり、中国残留日本人（身元未判明孤児、判明孤児と残留婦人等）の相談相手として面倒をみる者で、指導や助言を行なう。二〇〇五年の登録者は一六四六人である。身元引受人の資格は形式的なものでなく、身元未判明のまま帰国した孤児世帯の置かれている立場を理解し、かつ社会的信望が厚く、指導に熱意をもってあたることができる者とした。

身元保証人

外国人が日本に入国し、在留する際の滞在費、帰国旅費について保証する者をいう。また法令の遵守についても保証する。「出入国管理及び難民認定法」に基づく諸手続きの中で、身元保証人による身元保証書の提出を求められることが多い［中国帰国者支援・交流センター、二〇〇五、一九六］。

ルーツ

本書題目や本文中に使用する「中国にルーツをもつ」という表現は、日本語教育学会関連論文はじめ多くの日本語教育関係者が使用している「外国にルーツをもつ」という表現に倣うものである。そのほか地方自治体や教育委員会でも使用されている（たとえば、平成二十年三月刊行の京都市外国人教育プロジェクト・京都市教育委員会編『外国籍及び外国にルーツをもつ児童生徒に関する実態調査のまとめ』など）表現である。本書では「中国にルーツをもつ」は、簡潔にいえば「中国と文化的・心情的な結びつきがある」という意味において使用している。

付記

上記の用語解説文中において［　　］をつけた参考・引用文献は、本文に続く頁に参考・引用文献として掲載してあります。

◉巻末資料

資料〔第Ⅰ部　中国人就学生と日本語学校〕

資料1　中国人就学生調査対象者62名のプロフィール

名前	（仮名）	出身地	年齢	性別	入学前の最終学歴
1	Y	福建省	21	男	高校
2	K	福建省	21	女	高校
3	R	福建省	21	女	専門学校
4	T	広西壮族自治区	27	男	高校
5	Y	湖南省	24	女	専門学校
6	T	遼寧省	24	女	大学
7	K	上海市	22	男	専門学校
8	T	黒龍江省	24	男	高校
9	S	広西壮族自治区	24	女	高校
10	T	福建省	22	男	専門学校
11	K	吉林省	24	男	専門学校
12	R	広西壮族自治区	24	女	専門学校
13	S	上海市	25	男	専門学校
14	U	広西壮族自治区	23	女	短期大学
15	G	広西壮族自治区	19	女	専門学校
16	T	福建省	20	女	高校
17	T	広西壮族自治区	20	女	高校
18	S	福建省	21	男	高校
19	S	上海市	24	女	短期大学
20	T	広西壮族自治区	26	男	大学
21	R	広西壮族自治区	21	男	専門学校
22	K	黒龍江省	23	女	高校
23	Y	広西壮族自治区	19	女	高校
24	R	福建省	19	女	高校
25	T	福建省	20	男	高校
26	J	遼寧省	20	女	高校
27	O	広西壮族自治区	25	女	大学
28	K	広西壮族自治区	25	男	専門学校
29	R	福建省	20	男	大学中退

30	R	遼寧省	24	女	大学
31	O	北京市	24	女	大学
32	R	広西壮族自治区	20	女	高校
33	T	陝西省	23	男	大学
34	T	広西壮族自治区	22	女	専門学校
35	K	広西壮族自治区	21	男	高校
36	T	福建省	19	女	専門学校
37	J	遼寧省	24	男	大学
38	T	福建省	24	女	大学
9	Y	福建省	20	女	専門学校
40	S	黒龍江省	25	女	三年制大学
41	R	広西壮族自治区	21	女	高校
42	Y	広西壮族自治区	23	男	大学中退
43	K	上海市	20	男	高校
44	Z	遼寧省	24	男	三年制大学
45	K	黒龍江省	23	女	高校
46	T	福建省	26	女	大学
47	D	黒龍江省	24	男	高校
48	K	黒龍江省	21	男	高校
49	S	広西壮族自治区	26	女	専門学校
50	K	福建省	22	女	専門学校
51	R	広西壮族自治区	21	女	高校
52	R	湖北省	20	女	高校
53	S	遼寧省	23	女	大学中退
54	K	広西壮族自治区	21	男	中学
55	R	福建省	24	男	中専
56	T	広西壮族自治区	22	男	専門学校
57	K	福建省	20	女	工業学校
58	Y	福建省	20	男	高中
59	O	福建省	20	男	高中
60	Y	安徽省	20	女	高中
61	T	福建省	22	女	中専
62	R	内蒙古	21	女	中専

(最終学歴は本人の申告による。三年制大学は「専科」あるいは「大専」ともいう。専門

学校とは、服装学校・調理学校・自動車技術を学ぶ学校などを指す。高中は、三年制で日本の高校にあたる。中専は、日本の実業学校にあたり、中学に行かずに入学する）

資料〔第Ⅱ部　中国帰国子女教育の草創期〕

資料1　中国帰国子女数［1973年度～2003年度］（単位：人）

年度	泰皇南小学校	泰皇南中学校（現、泰皇中学校）
1973	5	0
1974	5	0
1975	6	0
1976	14	0
1977	12	4
1978	10	4
1979	5	4
1980	5	6
1981	6	10
1982	5	14
1983	5	10
1984	2	5
1985	0	4
1986	0	3
1987	0	2
1988	0	2
1989	0	0
1990	0	4
1991	0	2
1992	0	2
1993	0	6
1994	0	0
1995	5	3
1996	6	3
1997	4	5
1998	0	6
1999	0	4

2000	0	0
2001	0	1
2002	0	1
2003	0	1

（泰阜村教育委員会「帰国子女データ」（2007）。各年度に在籍していた帰国子女の人数。本書で使用した泰阜村教育委員会資料は、毎年５月１日を基準日とした帰国子女数データである。なお、泰阜南小学校、泰阜中学校ともに2004年度から2007年度現在、帰国子女数は０である）

資料２　年度別中国帰国子女数（全国、高等学校も含む）
［出典：天野・村田（2001）120］（単位：人）

年度	小学校	中学校	高等学校	合計
1978	61	60	4	125
1979	141	91	6	238
1980	131	78	21	230
1981	180	93	8	281
1982	147	99	15	261
1983	117	107	18	242
1984	121	121	17	259
1985	156	124	26	306
1986	213	234	49	496
1987	221	257	39	517
1988	253	263	37	553
1989	241	270	72	583
1990	272	268	36	576
1991	204	190	40	434
1992	256	253	49	558
1993	212	148	32	392
1994	173	144	38	355
1995	197	187	46	430
1996	189	192	40	421
1997	166	169	58	393
1998	108	153	16	277

資料3　中国帰国子女教育研究協力校数（高等学校も含む）
［出典：天野・村田（2001）120］（単位：人）

年度	小学校	中学校	高等学校	合計
1976	2	3	0	5
1977	3	3	0	6
1978	4	3	0	7
1979	4	4	0	8
1980	2	2	0	4
1981	2	2	0	4
1982	2	2	0	4
1983	2	2	0	4
1984	5	7	0	12
1985	5	8	0	13
1986	11	11	0	22
1987	11	11	0	22
1988	11	12	1	24
1989	16	14	1	31
1990	16	14	0	30
1991	20	17	3	40
1992	28	19	3	50
1993	28	19	3	50
1994	33	22	3	58
1995	33	22	3	58
1996	15	14	1	30
1997	17	9	2	28
1998	27	19	4	50
1999	23	15	3	41

資料4　中国帰国子女プロフィール

1972年～1989年に中学校特別学級に在籍していた37名

［(泰阜南中学校（1989）7-8）をもとに筆者作成］

	性別	中国での学歴	帰国時年齢	泰阜南小での在学期間（年）
1	男	不明	17	2
2	女	中学2年	16	（4カ月）
3	女	小学2年	13	3
4	男	不明	17	0
5	女	小学5年	16	2
6	男	不明	15	0
7	女	小学4年	14	2
8	男	小学5年	11	2年4カ月
9	女	小学5年	17	0
10	男	小学1年	不明	0
11	男	小学2年	不明	0
12	女	なし	6	6
13	男	小学2年	8	6
14	男	小学3年	12	5
15	女	小学2年	不明	0
16	男	なし	4	6
17	男	小学2年	9	5
18	女	小学2年	10	5
19	女	高校2年	18	0
20	男	高校2年	17	0
21	女	なし	5	5
22	女	不明	8	6
23	女	不明	8	6
24	男	中学1年	11	0
25	女	中学1年	14	0
26	女	なし	2	6
27	男	なし	5	6
28	男	小学5年	14	0
29	男	小学4年	12	0
30	女	中学3年	16	0

31	女	中学２年	14	0
32	女	小学５年	12	0
33	女	小学２年	8	0
34	男	なし	不明	0
35	男	なし	不明	6
36	男	小学４年	不明	2
37	女	小学２年	不明	4

資料５　泰阜村立小中学校の児童・生徒数および教師数
（出典：泰阜村ホームページ平成19年度学校基本調査）

	学級数	児童数	教師数
泰阜村の小学校（２校）	12	110	21
中学校（１校）	3	74	10

謝辞

本書刊行にあたりまして、多くの方々にお世話になりました。泰阜村役場、泰阜南小学校、泰阜中学校、泰阜村在住の中島多鶴様、宮島義寛様、中国帰国者支援友の会会長の神原義勝先生、名古屋ＹＷＣＡ学院日本語学校、名古屋ＳＫＹ日本語学校、『満洲泰阜分村―七〇年の歴史と記憶』編集委員・実行委員の皆様に深く感謝申し上げます。ご承諾を賜り、研究報告書やホームページから引用させていただいた箇所もあります。

また、中国帰国子女教育に熱心に取り組まれた元泰阜南中学校校長の吉原栄治先生をはじめ諸先生、満洲引揚者、中国人就学生・留学生、中国帰国者（中国帰国子女）、日本語教室・日本語ボランティア、日本語学校教職員の皆様には貴重なお話を聞かせていただき厚く御礼申し上げます。

本書は、博士学位論文がもとになっています。ご指導を賜りました名古屋市立大学大学院人間文化研究科の成田徹男教授に厚く御礼申し上げます。副指導教員の山田美香教授をはじめ山田敦准教授、村井忠政名誉教授、新井透教授にも御礼申し上げます。

研究メンバーとして参加させていただいた「泰阜村歴史書編纂プロジェクト」代表の蘭信三教授（上智大学、プロジェクト当時京都大学教員）には、多様な視点からご指導を賜り、厚く御礼申し上げます。同プロジェクトの猪股祐介先生（京都大学非常勤講師）には、貴重なご助言を賜りました。

大学生の皆様にもお世話になりました。文章を寄せてくれた名古屋市立大学留学生の呉晴さんと馬靚靚さん、研究に協力してくれた四日市大学留学生の許日華さんと楊波瀾さん、イラストデザインの考案に協力してくれた一宮女子短期大学（現・修文大学短期大学部）の花村舞さん、森川夏実さん、楽山沙弓さん、佐藤夕海子さんに深く感謝いたします。

多くの方々からご助言や励ましをいただいたおかげで何とか本書を刊行することができました。編集委員を務めさせていただいた『満洲泰阜分村——七〇年の歴史と記憶』に対して飯田市歴史研究所より「飯田歴研賞」を賜りました。また、個人研究の「外国人と日本人の共同学習」に対しては、愛銀教育文化財団より「助成の記（個人部門）」を賜りました。これら二つの受賞は本書刊行の大きな推進力となりました。

最後になりましたが、風媒社の劉永昇編集長には「多くの人に読んでもらえるような本にしましょう」とのご助言を賜りました。多大なご協力・ご支援を賜りました皆様に心より厚く御礼申しあげます。

二〇一〇年四月

山田陽子

［著者紹介］

山田陽子（やまだようこ ,YAMADA YOKO）
中国遼寧省瀋陽市「東北大学」（日本語学部）教員。
名古屋市立大学大学院で博士学位取得（人間文化博士）。
日本語学校日本語教師、南山大学（総合政策学部「日本語表現技術」担当）・四日市大学（経済学部・環境情報学部・総合政策学部兼任「日本語科目」担当）・一宮女子短期大学（生活文化学科「プレゼンテーション概論」、「生活情報演習」担当）などでの非常勤講師を経て、現職。

［主要著書］

1 「中国帰国者二世の日本社会への適応――二世女性の語りから」（村井忠政編著『トランスナショナル・アイデンティティと多文化共生――グローバル時代の日系人』明石書店、2007 年 4 月）

2 「『中国帰国者』の定着自立援護――生活支援と子女教育」〈満洲泰阜分村――七〇年の歴史と記憶〉編集委員会編『満洲泰阜分村――七〇年の歴史と記憶』不二出版、2007 年 10 月）

3 「分断される「中国帰国者」と連帯性の希薄化――地域住民への聞き取り調査をとおして」（『多文化共生研究年報』第 5 号、2008 年 3 月）

4 「テレビ・ドキュメンタリーと満洲移民研究――全体像把握と口述資料の挑戦」（『人間文化研究年報』第 4 号、2009 年 4 月）

5 「文献紹介、蘭信三編著『中国帰国者の生活世界』（行路社、2000 年）」（『中国残留日本人の経験――「満洲」と日本を問い続けて』勉誠出版、2009 年 9 月）

［その他の社会活動］

『満洲泰阜分村――七〇年の歴史と記憶』編集委員、生涯学習講座講師、地域研究調査特別研究員（名古屋市外国人生活実態調査、名城大学地域共同研究など）

［受賞歴］

1 「飯田歴研賞」受賞
共著『満洲泰阜分村――七〇年の歴史と記憶』（〈満洲泰阜分村――七〇年の歴史と記憶〉編集委員会編、不二出版、2007 年）に対して、飯田市歴史研究所より最高著書賞受賞（2008 年 9 月）

2 「愛銀教育文化財団助成の記」2008 年度個人部門受賞
「外国人と日本人の共同学習」研究に対して（2008 年 9 月）

［学会］

日本語教育学会、日本オーラル・ヒストリー学会、日本言語政策学会、移民学会、移民政策学会

［研究会］

日本文化研究会、トランスナショナル研究会、名古屋多文化共生研究会、ジェンダー研究会、マイノリティ研究会

装幀／三矢　千穂

中国人就学生と中国帰国子女
——中国から渡日した子どもたちの生活実態と言語

2010年6月21日　第1刷発行　　（定価はカバーに表示してあります）

著者　山田　陽子

発行者　稲垣 喜代志

発行所　名古屋市中区上前津2-9-14　久野ビル
振替 00880-5-5616 電話 052-331-0008
http://www.fubaisha.com/
風媒社

乱丁・落丁本はお取り替えいたします。
ISBN978-4-8331-4077-5

＊印刷・製本／モリモト印刷